汪向東◎著

# 心理副作用

Psychology

## 你不可不看的心理調節書

# 前言

你是否經常感到孤獨寂寞？

你是否經常與人比較，自卑不已？

你是否經常強迫自己做出種種無謂舉動？

你是否經常心懷叛逆，恨不得與全世界為敵？

……

也許，你有麻煩了，這個麻煩就來自你的心底！

人控制世界，而心靈則控制人。做為世界的主宰，我們每天都在用自己的雙手去改變世界、改變生活，然而，當我們的努力一點一點化為現實的時候，我們得到的卻不僅僅是成功的快感和收穫的喜悅這些正面的東西。

生活於現代社會之中，每個人都會感覺到巨大的壓力。每天一睜眼，你就會面對無數問題，於是，你學習、工作，親自動手將問題一一解決。舊的問題解決了，但很快新的問題又產生了。有形的問題你可以即時發現，準備對策，但那些無形的問題，尤其是心理問題悄悄靠近你時，又該如何呢？

物質生活水準的提升，並不意味著人們的精神也會相對提升。事實恰恰相反，越來越多的人正在受到心理疾病的困擾。心理疾病的患者早已超過其他生理疾病患者的數量，成為中國最大的病患群體。與此同時，越來越多的人也開始意識到自己內心出現的問題。然而，這其中只有少數人會選擇進行心理諮詢或尋求專業幫助，更多的人還是寧可將其默默埋藏於自己心底，諱莫如深。

好吧！不妨再回頭看看自己：自私、虛榮、猜疑、妒忌，這些念頭是否已經常在你的腦海中閃現；菸癮、酒癮、賭癮甚至是購物癮是否已經讓你的生活一團混亂；更嚴重的，還有那些厭食症、暴食症、憂鬱症、強迫症，是否讓你在清醒時越來越難以接受自己。不要不敢承認，更不要迴避事實，因為科學統計，全世界至少有八成的人和你一樣曾經或者正在被心理疾病所困擾，只是，你還不知道罷了？

那麼，我們該怎麼辦呢？坐視不管，任其發展當然不是一個好的選擇，但如果將心理疾病看得過於嚴重，甚至是一點小問題都成為壓抑自己內心的負擔，同樣沒有好處。正常情況下，一個人有病了，首先會想到要去看醫生，但其實不是每一種病、每一個人的情況，都需要去醫院排隊、吃藥、打針甚至手術的。很多小病患者在家中就可以自行處理，而更好的情況，就是預防。對於心理疾病，同樣如此，如果我們能正視心理疾病，學會自我心理調節，將心頭危險的萌芽早早剷除，那我們的生活中也就會多一片晴空，少幾分陰霾……

心理治療其實並不神祕，簡單的心理調節也並不複雜。從自我認知開始，到對各種正面、負面心理的認知，再到掌握一些積極的心理治療辦法。透過本書，你或許能夠擺脫各種心理副作用的消極影響，對世界和自我的認知也會變得與以往不同。在這個充滿競爭與誘惑的世界中，保持一個良好的心態，進而努力去爭取一片屬於自己的成功天地！

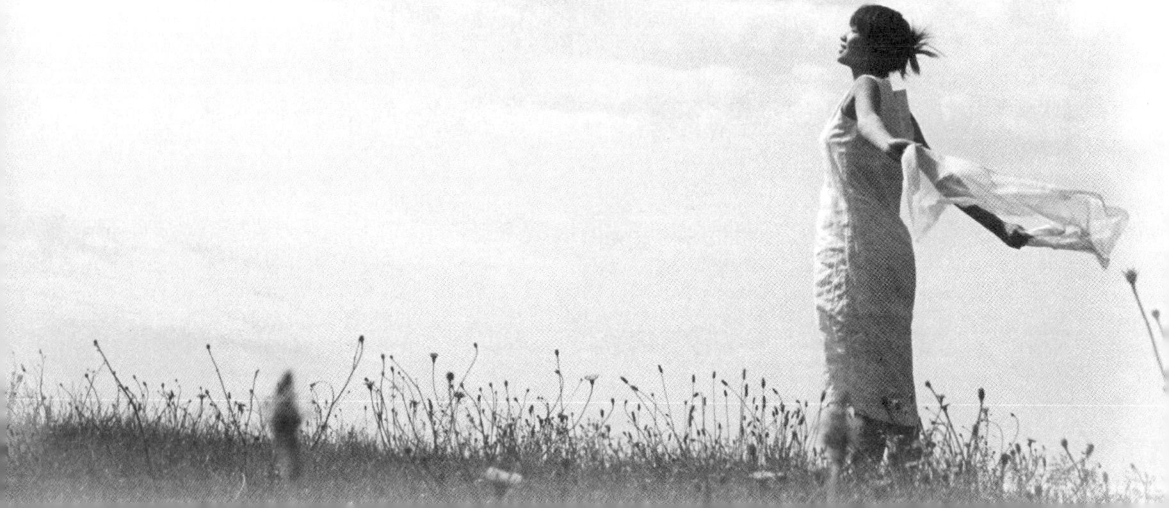

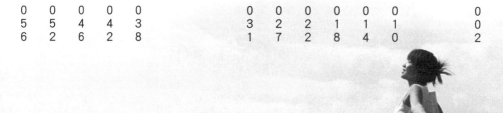

# Directory

## 第三章 暴風雨後，總會出現彩虹。——換個角度看世界

Directory

## 第四章 心有陽光，無懼風雨！——每個人都有陽光面

# 第一章

# 你真的認識自己嗎？

## ——你心裡的那個「我」

每個人都有自己對世界的認知，但是，認識世界容易，認識自己難。老子曰：「知人者智，知己者明。」也許當你停下匆忙的腳步，反思點滴往事，會慢慢發現，對自己原來並不是那麼熟悉。所以，想要做一位「明者」，先要從認識自己開始……

# 上帝和他們開了個玩笑——自我認知

當你對自己下定結論之前，請再想想，你確定那就是你嗎？不信的話，就看看老張和李先生的故事吧！

張先生和李先生是鄰居，兩人又都是剛剛退休，沒事就一起在院子裡散散步、聊聊天，關係很不錯。然而好日子沒過多久，兩人因為患病，先後住進了醫院，湊巧的是，還都在同一病房。原來兩人都得了胃病，也都挺嚴重。

接下來幾天，總是有醫生陪著專家來到兩位老人病床前詢問、會診，那些先進的檢測機器，他們也沒少用，直到檢查結果出來那一天。醫生分別將老人與他們的家屬叫到兩間辦公室，告知他們病情。結果，張先生只是普通的胃病，日積月累到現在發作了，需要慢慢調養，沒有什麼大問題，不會影響身體；而李先生就不一樣了，醫生明確告訴他，「胃癌末期！」即便進行化療，也堅持不了太長時間，建議李先生回家自行調養。這一消息猶如晴天霹靂，李先生的臉色當場就綠了，拿著醫生給他的確診單，手不停在抖，沒有半點力氣再站起來。最後，在兒子和其他家人的攙扶下坐車回家。上樓時恰巧看到對門張先生也回家了，一家人有說有笑，更覺得心中悲涼。

之後的日子裡，張先生見誰都是笑呵呵的，每日打拳、跳舞、種花、下棋，生活比以前更加積極了。他覺得，年輕時為了生活奔波，導致身體出了問題，現在老了，一定要注意保養身體。而且隨著年齡增長，自己的日子過一天少一天，與其愁眉苦臉，悲悲戚戚過完餘生，不如開開心心，享受天倫之樂，讓自己和孩子們都過幾天好日子。

李先生則正好相反，自那以後，每日將自己裹得嚴嚴實實，憋在家裡。雖然家裡人也曾帶他去其他醫院複診，並告訴他最初的檢查結果有誤，他的身體沒有問題。但在他看來，那不過是孩子們為了讓他寬心，而對他說的善意的謊言而已。他甚至常常在夜深人靜時感覺到自己胃部傳來陣陣隱痛，而且越來越嚴重……

不出半年，兩人與從前相比都發生了巨大的變化，張先生是紅光滿面，越活越年輕；李先生是形銷骨立，面如枯槁，一副暮氣沉沉的樣子。這天，兩人在樓道中相見，很久沒有看到對方了，張先生本想與對方打個招呼，誰知李先生嘆了口氣，低著頭就走過去了。「唉——！」看著李先生的背影，張先生不禁也長長嘆了口氣。

沒過多久，李先生就去世了，而張先生則是又開開心心活了八年，才安然離去。他走得那麼安詳，以致身邊的人根本都不知道，其實他才是真正得癌症而死。而當年那兩張診斷結果，確實是醫生一時大意，發錯床位了。

你認識你自己嗎？這是一個讓很多人一看就會笑的問題，誰能不認識自己呢？但實際上未必如此。身處千變萬化的世界中，和形形色色的人打交道，我們常常會被來自外界的影響左右，變得遠離「自我」。當充滿活力的你大學畢業，要去一家新公司面試，穿著西裝嚴肅地面對鏡子，才會發現：「喔，原來我還有這樣一面。」

心理學家曾經做過這樣一個心理急診室，讓一群人做一份關於人格特徵的心理實驗，然後將每個答案彙總、綜合，得出一個趨近平均的答案。將被測人群集中，對每個人出示兩份答案，一份是他們自己真實的答案，一份是綜合出的平均答案，讓他們自己選擇。就像是事先約好了一樣，每個人都認為自己的心理急診室結果是那份平均答案，他們都錯過了真實的自己。

這就是真相，一個人對自己的判斷受外界影響之大往往連他本人都無法相信，更無法意識到。要認識自己，首先要勇於面對自己，不要像上文李先生那樣，一味迴避哀嘆。然後，不管是自己的優勢還是缺陷，都要認真對待，不能視而不見。但是面對鏡子，你總會有些地方看不到，所以接下來就是要敏銳觀察，不光觀察自己，也要觀察周圍，得到大量資訊，再加以認真分析，鑑別出哪些才是能反映出真實自我的資訊，借為己用。最後，風平浪靜時誰都有能力辨別方向，暴風驟雨中才能看出自己真正的潛力和隱藏的缺陷，理性接受、客觀對待、截長補短，才能準備好迎擊下一次風浪。

## 心理急診室

烏龜和兔子賽跑的故事你一定知道，假如你是這場比賽的觀眾，你看到烏龜突然停下來，汗流浹背的眺望著終點，你覺得此時烏龜在想什麼？

A、烏龜心想：兔子現在肯定一定到達終點了，我輸了。

B、烏龜認為在這場賽跑比賽中自己一定能夠獲勝，所以心安理得地朝終點前進。

C、烏龜什麼也沒有想，當然更不可能考慮兔子的問題。

**診斷結果：**

**答案A：**選擇這一選項的人大多對待事情比較悲觀，有些悲觀主義心理。在別人眼裡也屬實實在在的老實人。悲觀主義的人往往會低估自己的能力，所以建議這類人群要增加自己的自信，不要事事都悲觀。

**答案B：**選擇這一選項的人容易以自我為中心，非常有自信，總是高估自己各方面的能力，很少能接受他人的建議和意見。從好的一面說，這類人是樂觀主義者；從不好的一面說，這類人有時在別人眼裡是屬於「眼高手低」的人。

**答案C：**選擇這一選項的人知道只有透過自己的努力才能成功，所以這類人做事非常用心，並且這類人在失敗後也會記取教訓，對自我能力的評價也比較客觀。雖然這類人做事情努力是值得學習和讚賞的，但做事沒有計畫性和目的性是不可取的。

## 溺水士兵奇蹟生還——應激反應

拿破崙在法國稱帝，憑藉其超強的軍事天才和政治謀略，戰無不勝、攻無不克，很快佔領了歐洲大部分土地。看著自己的勢力與日俱增，皇帝陛下心情大好，這一天，他決定出去走走，順便視察一下自己的部隊。

從一片軍營中出來，拿破崙非常滿意，飛身上馬，兩鞭子下去，胯下坐騎就如飛般奔向駐地邊的森林深處。這一下讓隨行侍衛不免有幾分緊張，怕皇帝陛下有事，趕緊也快馬加鞭，追了上去。跑了一段，侍衛們眼看離拿破崙不遠了，才稍稍安心，但隨即就聽到前方隱約傳來呼救聲。「救命啊！有人落水了，快救人啊！」聲音時斷時續，但也能聽出個大概。只見拿破崙在前面對著馬又是狠狠兩鞭子，瞬間又將隨行的人遠遠甩開。

等大家手忙腳亂地趕到，才發現前面湖裡有一個士兵正在掙扎，皇帝正站在湖邊聽一個軍人報告情況，大家也不敢出聲，靜靜圍了上去。「報告陛下，我們是營地的巡邏兵。」士兵不忘先向皇帝陛下行禮。看了看正在慢慢漂浮向湖中心的士兵，拿破崙擺擺手，問道：「他會游泳嗎？」「就會兩下狗刨，已經支持不住了，陛下。」士兵很焦急，但也沒有什麼辦法。

「拿槍來！」一瞬間，拿破崙伸出一隻手，身上充滿了那種君臨天下的氣勢，身邊的人知道，當他做出重要決定的時候，就會散發出這種壓倒一切的氣勢，隨行侍衛趕緊將步槍遞到皇帝手中，但當看到他拿槍對準湖中已經幾乎無力掙扎的士兵時，所有人還是暗中吃驚，皇帝究竟要做什麼？

「我命令你，士兵，立刻掉頭游向岸邊。」拿破崙大聲喊道：「如果你不服從命令，我將開槍擊斃你。」說完後頓了一下，就聽「砰」、「砰」兩聲，在落水士兵的前方濺起兩朵水花，彈著點以下水中留下兩道水線。場面瞬間寂靜，就在步槍擊發後留下的青煙還未從拿破崙面前散盡時，在場所有人都看到奇蹟發生了。

那個本來已經快沒救的士兵，就像是打了興奮劑一樣，突然調轉頭來，加速向岸邊游來。雖然姿勢並不標準，但那速度絕對讓一般人望塵莫及。大家像石化一般，半張著嘴，靜靜注視著，注視著他由遠而近，直到上岸。一聲「報告」將大家驚醒，士兵渾身溼透，但精神抖擻，在皇帝面前立正站好。拿破崙不禁微笑：「看來比起水，你還是更怕槍彈啊！」大家一片哄笑，士兵也忍不住摸摸自己的腦袋，憨憨地笑了。

「好了，休息一下，趕緊回去吧！解散！」拿破崙將手裡的槍還給了侍衛，轉身要走，就聽身後嘩啦一下，那名士兵已經癱在原地，雖然口中答應，但身上再也沒有半點力氣站起來了。

和其他生物一樣，人天生就具有應激性。簡單說，在遇到外界條件變化，尤其是負面影響時，人體生理機能會自動產生應激反應來保護自己。應激反應一般由大腦發出指揮，腎上腺素據此迅速分泌，進而提高人的「能力」，以應對個體周圍的變化。比如在天冷的時候人會打冷顫，經由微弱的活動來增加熱量；又比如在人受到細菌感染時，就會發燒，藉由提升患部甚至整體溫度來殺死病菌。

除了生理上的反應，人在心理上也會有應激反應，一般在逆境中，人受到大腦指揮，心理就會產生緊張、焦慮等情緒，也可以說是憂患意識，在這種憂患意識下，人才會充分調動自身的各種能力，以應對危機。通常這種情況下，人的能力會充分發揮，甚至有意想不到的潛能迸發，幫助自己走出困境，轉危為安，而一旦大腦對環境判定有所轉變，人的應激反應就會減弱，部分能力就被本能地隱藏起來。「生於憂患、死於安樂。」就是對這種現象的一個總結。

當然，應激反應帶來的影響並非只有積極的一面，由於生理和心理層面為了調動自身能力，始終處於飽和甚至超飽和狀態，不能得到應有的休息，反而會帶來負面影響。比如身體長期處於緊張狀態會變得疲憊、虛弱、抵抗力減弱，心理上長期緊張、焦慮會導致自制力差、反應減慢、判斷不準確，甚至是神經衰弱。因此，時常注意自己的應激反應，並即時調整生理和心理狀態，才能保持活力，從容應對各種問題。

## 心理急診室

假如在一個難得的假日清晨，你約好了情人去晨跑。你們跑到河邊看到一位戴著眼鏡，一身新潮打扮的美女正坐在樹蔭下，當你經過她身邊時，看見她正在打開紅色的水桶包找東西，你猜測她在找什麼東西呢？

A、面紙。

B、化妝品。

C、錢包。

D、小鏡子。

**診斷結果：**

**答案A：**選這個答案的人，你的反應力只能說是差強人意。但由於你是個非常注重禮儀的人，因此你的觀察力還算不錯。總是能夠從對方的一點小動作中，推測出他人的想法、企圖和動機。

**答案B：**選這個答案的人，你是個觀察力十分敏銳的人，你猜測的事情通常八九不離十。但是你的缺點就是愛探尋別人的隱私，這樣做事情總是放錯重點，該關心的事情反而不去在意。

**答案C：**你敏銳的觀察力，總是在一群人一起出去玩時得到發揮。由於你很害怕沒有人付帳，因此隨時都在注意每一個人的動作，若大家都沒有付帳的意思，你則會選擇上廁所或先去打通電話，來逃避付款。

**答案D：**你總是很注意自己的表面功夫，很在乎出席場合自己的外表是不是得體，因為你的注意力總是在自己身上，所以對別人的觀察力特別差，對事物的反應能力更是差到了極點，你是最容易吃虧上當的那種人。

## 別讓你的眼睛欺騙你——感覺影響判斷

卡爾是耶魯大學一名四年級生，由於成績優異，已經被保送至有名的教授那裡研究深造。他面容清秀，鼻樑高挺，身材勻稱，穿著講究，是學校裡有名的大帥哥，也是無數女生心目中的夢中情人。卡爾自己也常常感覺良好，春風得意，年少輕狂。只是沒想到，他也有看走眼的時候。

照理說，卡爾不會缺女朋友，一開始很多女孩真的主動投懷送抱，他也是樂得左擁右抱，常常換新。慢慢地，學校裡沒有女孩願意再和他交往了，誰也不想只做心上人的「臨時情人」。所以，最近卡爾有些鬱悶，身邊沒有女友陪伴，還真是有些不習慣，他決定去酒吧散散心。

酒吧裡燈光閃爍，音樂震耳，和往日的氣氛頗有些不同，原來今晚這裡有一場小型演出。原想一個人靜一靜，看著眼前這一切，他已經在考慮，是不是該放棄這個失敗的夜晚，回宿舍矇頭大睡了。突然，人群中有一個躍動的亮點抓住了他的眼睛。定睛細看，原來是吧檯邊，有一位金髮美女正在隨音樂起舞。強勁的節奏下，披肩長髮似金蛇狂舞，低胸緊身衣包裹不住那突兀曲線，黑色皮褲讓修長的雙腿更加纖細，高跟涼鞋裡秀足如白玉一般，吸引著卡爾不忍離去。音樂漸緩，卡爾這才有機會看清那張讓他終生難忘的臉，她和心目中的女神安潔莉娜·裘莉長得太像了，同樣雙眼深邃，同樣鼻子尖削，同樣紅唇厚重，如果說還有一絲分別的話，那就是她更白一些，少了幾分野性，多了一縷溫婉，卡爾忍不住忘情地說：「完美！」

「小姐，能請妳喝一杯嗎？」抑制不住內心激動，卡爾決定主動出擊，當得到對方肯定的答覆之後，他甚至有些暈眩，覺得這是上天賜給自己最好的一個夜晚。交談中，卡爾覺得對方就是自己尋找的摯愛，他直嘆自己為何沒有早點遇到對方，他覺得以前真是虛度光陰，現在才真正找到了生活的靈感。而且這位叫貝蒂的美女顯然也很樂意與他交往，幾杯酒下肚，雙方便卿卿我我起來。又喝了幾杯，卡爾提出送貝蒂回家，倒不是酒量有限的他有什麼不良企圖，反而是因為真的很喜歡對方，怕夜裡喝醉了酒的貝蒂回家路上不安全，才主動紳士一回。貝蒂已有些醉意了，沒有拒絕，帶著卡爾回到家中。

進門之前，卡爾還在想，要不要進去幫貝蒂安頓好她再走呢？但等到門真正打開，卡爾卻呆住了，這是一位美女的住處嗎？甚至說，這是人住的屋子嗎？沙發、椅子上隨手扔的髒衣服不必說，桌子上堆著各種吃剩的東西，上面還虛掩著雜誌、報紙，地上全是垃圾，還有空酒瓶七橫八豎散在角落裡，各種氣味摻雜在一起，撲面而來。要不是喝了酒反應有些遲鈍了，卡爾早就被薰到樓

下了。

卡爾愣在原地不知所措，貝蒂卻一把將他拉進屋，一邊關門一邊叫著：「傑克！傑克！」「傑克是誰？」卡爾有些好奇，順口問道。貝蒂回答：「我養的老鼠啊！」「什麼？」卡爾傻住了，慢慢問道：「妳說傑克是什麼？」貝蒂回過頭：「老鼠啊！我都養了一年了！」「哇！」卡爾再也抑制不住，不知是對老鼠過敏，還是酒精作用，竟吐了一地。還沒擦淨嘴邊的穢物，他就轉身衝出門去，再也沒有回來。

一個人由各種感覺獲取外界資訊，透過這些資訊來支配自己大腦做出相對的判斷。但是，這種判斷是會出錯的，因為判斷之前，獲得的資訊未必是準確的。也就是說，你的感覺有時會欺騙你。當你看到黃金閃閃，裡面可能只是一塊廢銅；當你聽到雷聲隆隆，屋外可能滴雨未下；當你聞到酒香撲鼻，酒裡說不定摻了不少水；當你摸到滑嫩肌膚，說不定面前其實是一個人妖。

人的感覺，尤其是第一感覺，很容易影響對一個人或者一件事的判斷。想要避免判斷錯誤，就要先克服先入為主的習慣心理，讓自己更沉穩，更理智。當你要做出一個判斷之前，需要瞭解更多。

## 心理急診室

假如你很意外地得到一千元獎金，恰巧你很需要一件大衣，但是這些錢買大衣不夠；買一雙自己不是很急需的運動鞋，錢又會多出幾百，這時你會怎麼做呢？

A、自己添加些錢把大衣買回來。

B、買運動鞋再去買些其他的小東西。

C、什麼都不買先存起來。

**診斷結果：**

**答案A：**你的決斷力還算不錯，雖然你有時會三心二意並且猶豫徘徊，但是這不影響你在重要關頭做出決定，這樣你比起一般人來說已經算是傑出的了！做了決定絕不後悔是你最大的特點。

**答案B：**你是個做事沒有主見的人，總是拿不定主意，總是要求別人給予你意見，你很少自己做判斷。你這種人一定是曾承受過某些心理傷害或者是周圍的人都太優秀了，所以讓你有自卑感，總是懷疑自己，不能夠肯定自己，因此造成了你總是覺得自己不如別人的感覺。

**答案C：**你是個判斷力超級強的人，但是你衝動率直的個性，讓別人感覺你很魯莽，你做事考慮不夠周詳，總是匆匆做了決定，但是事後你又會後悔。

# 羅傑・羅爾斯的州長之路——心理暗示

一句話對人的影響有多大？讓我們看看羅傑・羅爾斯的故事吧！

二十世紀六〇年代初，在美國紐約著名的貧民區，有一位小孩名叫羅傑・羅爾斯。他和這裡的其他孩子沒有什麼分別：家境貧困，生活條件惡劣，在社會上也難以獲得平等和尊嚴，與白人的等級劃分還是滲透在身邊的每個角落。人生混亂且沒有目標，所以讀書也就成了一件可有可無的事情。更多時候，他們在社區和學校的各個角落裡打鬧、惡作劇，甚至跟隨那些街頭的小混混搶劫、吸毒。當然，在這種環境下成長，想要出人頭地也是非常困難的。

但是在六一年，在羅爾斯的學校——諾必塔小學，來了一位新校長，他叫皮爾・保羅。這個名字對當時的小羅爾斯來說，非常陌生，但今後，他將畢生難忘。原來，皮爾・保羅自從來到學校，很快就發現了這裡孩子的問題。由於受到環境影響，學生們小小年紀就曠課、打架，學校裡的硬體設施常常被學生們搞得亂七八糟，甚至拆散打壞，但是對於這些年齡尚小的孩子，還沒有辦法管得太嚴。思索良久之後，他決定用自己的言行來改變現狀，哪怕只是改變一些孩子。這時候，保羅遇到了羅爾斯。

一日，小羅爾斯剛剛在校園裡鬧過，可能是累了想回教室裡休息一會兒，他來到教室牆邊，沒有一點猶豫，像往常一樣，雙手一撐，就上了窗臺，翻過窗戶，雙腿一蹬，就落在了教室裡，拍了拍手上的灰，他就向講臺走去。只是這一天，那個時常被他坐在屁股下面的講臺旁邊站著一個人，他仔細回想了半天才認出是新來的校長。雖然並不畏懼，但被校長看到自己翻窗進來總是不太好。正當羅爾斯想著怎麼找藉口解釋時，校長說話了：「孩子，給我看一下你的手好嗎？」聲音充滿了磁性，「看你這修長的小指，我想你將來一定會成為紐約州州長的！」看著對方眼中的真誠和自信，羅爾斯的內心受到了強烈的衝擊。長這麼大，受到的總是批評、嘲諷、白眼，如此鄭重其事的讚譽，除了奶奶曾經說過，這還是第一次聽到。而且竟然說他會成為紐約州州長，這在當時是多麼高的榮譽啊！而且可以看出，對方絕對不是開玩笑，那深沉睿智的目光告訴他，是的，就是你，一定可以做到的！

從那以後，羅爾斯就如同換了個人一般。我會成為紐約州州長，每天他都會這樣告訴自己。正因為如此，他往後的一切言行都以未來州長的標準來要求自己。他不再滿口髒話，不再滿頭污泥，他衣著整潔，身軀挺拔，彬彬有禮，執著勤奮。不再每天與玩伴們一起胡鬧，而是憑藉自己的能力成為班長，磨練自己的各種能力。在「紐約州州長」的夢想下，他從未止步，從未懈怠。直到五十一歲那年，夢想成真，當上紐約州歷史上第一位黑人州長，在完成就職演說之後，他站在了眾多記者面前。當被問到成功的祕訣時，他提到了一個大家都不知道的名字——皮爾·保羅。因為自己的一切成就，都是由他當年的那一句讚譽、一份誇獎而來的。雖然今天看來，那並不代表什麼，但對羅傑·羅爾斯來說，那就代表了一切。

心理暗示的作用在心理學上被稱為「皮格馬翁效應」，它強調來自外界的正面或負面的評價對一

個人產生潛在的長期影響。有一個非常有名的實驗，著名心理學家羅森塔爾曾經在一項實驗中提交了一份學生名單給學校老師，稱他們是「最有發展前途」的孩子，儘管他們目前成績平平，但潛力驚人。過了很長時間，當他再來到這個學校時，老師驚喜地告訴他，那些學生在學校和家人的關注下，果然成績進步很快，都成了優秀生。其實，羅森塔爾所說不實，那些只是普通的一般生，他們之所以成長很快，也只是周圍的各種「暗示」起了作用。

心理暗示作用並非只對成長階段的孩子有用，對成年人的工作和生活一樣有著重要的影響力。比如人們經常看到的廣告，就是因為一遍遍重複，才會驅使人有購買慾望。由此可知，我們得到的很多資訊，尤其是關於自己的資訊，儘管並非事實，但一樣可以對我們產生重要影響，尤其是積極的暗示，善於應用的話，將會產生意想不到的正面效果。

## 心理急診室

**計分說明：**

第1、6題，選A計1分，B計2分，C計3分。
第2、3題，選A計2分，B計1分，C計3分。
第4、5題，選A計3分，B計2分，C計1分。

1、在一個星期中，至少有兩天覺得身心舒暢、精神飽滿嗎？

A、是。

B、否。

C、不清楚。

2、保持八小時以上的睡眠，但仍然會覺得精神不振嗎？

A、是。

B、否。

C、不清楚。

3、精神不振，但是找不到生理上的原因？

A、是。

B、否。

C、不清楚。

4、你感覺身體不適時，是否向別人傾訴？

A、時常。

B、偶爾。

C、從不。

5、你的存在是否受到周圍人的重視？

A、非常重視。

B、重視。

C、不重視。

6、以下病症中，有幾項是你經常經歷的：頭痛、頭暈、呼吸不暢、心痛、心悸、眼花、消化不良、便祕、習慣性腹瀉、精神緊張、四肢乏力、長期失眠、精神不振、容易疲倦。

A、8項以上。

B、4～7項。

C、3項以下。

**診斷結果：**

0～7分：你是個身心健康的人，沒有任何神經衰弱的跡象。

8～11分：你有輕微的神經衰弱，需要注意和改變一下目前的生活方式。

12～15分：你有很嚴重的神經衰弱，建議去尋求醫生的幫助，同時要注意自己的生理和心理健康。

# 一堂特殊的心理課——從眾心理

教授心理輔導課程的魏老師今天顯得有點不太一樣，不光是因為他手裡的透明圓盤和他身後那位高大但不失儒雅的外國人，更主要的是他的目光，透著那麼一點狡黠，一點得意。魏老師向全體同學介紹過，大家才知道，這位外國人的「身分」是來自美國的化學專家，和魏老師是朋友，他今天來是有一個實驗需要大家協助完成，而那個透明的盤子裡，前排的同學隱約能看到裡面有東西在動，卻不知是什麼。

「大家好，你們老師剛才已經說過了，我需要你們的幫助。」美國專家一開口，居然是流利的中文，雖然還帶點口音，但顯然他與大家的溝通不會有問題。說罷，他從自己的箱子裡拿出一個瓶子，擺在桌上。瓶子不大，但是很精緻，一看就是那種裝貴重液體的器皿。透明的瓶子中裝著半瓶多液體，無色，透明。「這是一種新的液體，是我們實驗室半年來的新成果，它的一大特點就是氣味傳播速度快。」美國專家自豪地摸著下巴上那一縷大鬍子：「我今天就是想和大家配合，測算出這種氣味在空氣中大致的傳播速度。」下面傳來陣陣私語，看來同學們對於參加這個實驗，都有小小興奮。

專家滿意地點點頭，請站在一旁的魏老師拿出一個碼錶，計時用。然後還認真地測量了講臺到角落幾名同學的距離。回到講臺上，專家小心翼翼轉開瓶口，在完全打開瓶子那一刻，他叫了「開

始」，與此同時，魏老師也按下了手中的碼錶。「如果你聞到了某種特殊的氣味，請你舉起手來，謝謝。」專家一臉嚴肅，看來他很重視這個實驗。很快，在前排有人舉起手來，然後，他們周圍也有人舉手，慢慢的，坐在後排的同學也稀稀落落舉起右手，後來，看著周圍幾乎所有人都舉手了，教室中最後幾位沒舉手的同學，也舉手了。「OK，你們表現得非常好。」專家點頭微笑，看來這個結果他很滿意，旁邊魏老師則已經記錄下了他們需要的資料。

然後，美國專家收拾起瓶子和資料，放進他的箱子裡，站到一旁。魏老師則將剛才那個透明的盤子拿上來，開始今天的講課：「這是法國科學家做過的一個實驗，我再重複一遍給你們看。感興趣的同學可以上來觀察一下。」不少同學還在回味剛才的實驗，只有幾個人走上講臺。他們能夠很清楚地看到在圓盤內，有一圈小毛毛蟲，牠們首尾相接，正在緩慢蠕動，沒有哪隻脫隊，也看不出來牠們有停止的跡象。而在圓盤中間，很顯然是魏老師放的一些食物，但看起來沒有毛毛蟲動過它們。過了一段時間，情況依舊。大家也就回到了座位上。魏老師這時才說道：「法國科學家在做這個實驗時，毛毛蟲不停地爬了七天，直到死去，而我，已經觀察牠們二十四小時了，沒有停止的跡象。」

同學們又是一陣討論，今天這節課，上得可真有意思。就在這個時候，那位美國專家突然又開口了：「對不起，我欺騙了大家。」一句話，全場頓時安靜。「其實我不是什麼化學專家，我只是魏老師的好朋友。而那個瓶子裡裝的，只是普通的蒸餾水而已。」說著他雙手一攤，然後又站了回去。

課堂的氣氛頓時活躍起來，幾乎所有人都開始與自己身邊的人短暫討論，這與平時心理輔導課上沉悶的氣氛截然不同。魏老師一邊看一邊點頭，許久，他才叫停了大家的討論，嚴肅道：「好了，同學們，現在我們正式開始上課，這堂課的主題是——從眾心理。」

做為群體生活的代表，人類在日常生活中受到群體行為的影響是巨大的。迫於遵從「大多數」的行為或觀點的壓力，一般人出現「從眾心理」是很正常的。心理學家研究從眾心理由來已久，曾有一名學者叫阿希，在他的實驗中，至少六、七成有過從眾行為，而始終保持獨立行為和觀點，不受他人影響的人，是少之又少。可見，從眾心理是一種普遍現象。

但是，當我們意識到這種普遍的心理特徵時，就應該有所反思，跟大家走，就一定是對的嗎？我們無法確認，真理就一定掌握在少數人手裡，但我們至少可以反思，多少次「人云亦云」之後，我們是否真的表達了自己的聲音，甚至我們是否已經習慣了放棄思考，在一次次「隨波逐流」的過程中，將自我的能力、智慧與品德磨滅殆盡。我們不需要每個人都標新立異、特立獨行，但至少我們可以嘗試堅持一個真實的自我。

## 心理急診室

假如你有一個月的假期，你最嚮往去以下哪個地方度假，感受那邊的風土民情呢？

A、文化古國。

B、鄉村小鎮。

C、現代都市。

D、原始叢林。

**診斷結果：**

**答案A：**你是個不算有定力的人，很容易受到謠言的影響，但是只要你自己獨處一段時間，就會拋棄那些影響你的謠言，重新恢復自己的主見，如同之前的事情沒有發生一樣。

**答案B：**你是個有自己想法但是不願意表達的人，你性情溫和不願意和別人起衝突，所以當你最討厭的事件發生的時候，也只是默默吞下這口氣，不願意和別人訴說。

**答案C：**你是大家認為最有主見的人，你從來不盲從別人的流言蜚語，不管在什麼環境下，你都能夠很快地適應，並且再棘手的事情你也能夠處理得很好，說你是流言免疫者一點也不為過。

**答案D：**你是個以自我為中心的人，只要是你認定的事情就很難改變，你對那些存心混淆視聽的人很厭惡，通常對這些人你總是採取視而不見的方式。

## 大膽露出你的暴牙──堅持自我

露絲的父親是一位水管工，她從小就能體會到生活的艱辛。但是小露絲非常熱愛生活，這種熱愛都在她的歌聲中體現出來了。每天，周圍的鄰居們都能聽到露絲歡樂的歌聲，他們喜歡這種歌聲。

如今，小露絲長大了，她知道她應該為這個家庭負擔些什麼了，於是她開始四處尋找工作，但是面試過很多次都不理想，原因都一樣，因為她的暴牙不好看，面試的主管們都婉拒了她。露絲很受打擊，雖然她知道自己不能放棄，但顯然她已經「被影響」了。她的歌聲不再歡樂，到後來，鄰居們也都聽不到她唱歌了，露絲「不見」了。

轉機來自於一次同學聚會，在大家的鼓勵下，露絲在眾人面前高歌一曲，將壓抑在心底的鬱悶發洩出來，在場眾人一致稱讚，令露絲備受鼓舞。一位同學甚至提議，她應該去參加一個選秀節目，只要獲勝，就可以走上演藝之路，不用再為生活發愁。露絲心動了，於是她報了名。

走上舞臺的那一瞬間，露絲有些後悔了。「也許我應該回家去，而不是在這裡把自己的大暴牙露給所有的人看。」她心中暗想，於是，她努力用自己的嘴唇遮住門牙，儘管效果並不明顯，但是至少她心裡會好受些。在評審的鼓勵下，她開始演唱，儘管她也渴望一夜成名，也想將自己的「處女秀」表現得完美些，可是，由於始終在擔心自己的「缺點」，她唱砸了，甚至可以說，唱得「很難聽」。臺下某些苛刻的觀眾已經開始發出噓聲。

站在那裡，露絲似乎能聽到自己的噓聲，她低下頭等待評審對她說：「遊戲結束了！」「其實，妳能唱得很好。」一個評審的話打斷了她的思路，她不敢相信自己的耳朵，向對方求證：「對不起，您說什麼？」「我說，妳能唱得很好，妳有天賦，也有實力。」評審顯得很有耐心。露絲察覺到了什麼，趕忙問道：「真的嗎？」評審微微一笑，說道：「從妳一上臺，我就在觀察妳，孩子。我知道妳怕什麼，不就是妳的暴牙嘛，可是那又怎麼樣呢？暴牙就不能唱出優美的歌曲了嗎？妳看我，只有一隻眼睛，不也一樣寫歌詞、做評審嗎？」露絲驚訝地望向這個男人。對方繼續說道：「妳是來向大家展示你優美的歌喉，不是嗎？如果妳自己都不再注意妳的牙齒，那麼還有誰會在乎它們呢？大家只想聽到妳最美的歌聲，孩子。如果可以，請妳再唱一遍。」

是啊！我是來唱歌的，而且我能唱好。周圍的人都喜歡聽我唱歌，也沒有誰嫌棄過我的牙齒，不是嗎？露絲的心漸漸定了下來，嘴唇也恢復了自然。當她再一次放聲高歌時，眼中已經充滿了自信，她決定不管成功與否，都要將自己最美的歌聲，最好的自己留在這個舞臺上。

掌聲雷動，佳評如潮，所有人都在誇讚她美妙的歌喉，都在回味她的天籟之音。露絲發現，真的沒有人在談論她的暴牙，沒有嘲笑和譏諷。在這一刻，她是世界上最幸福的人，淚水滑過了她的臉龐。

露絲一路晉級，闖進了選秀的決賽，演藝公司因為看好她的潛質，早已和她簽約，全國的觀眾們也都記住了這個可愛的小姑娘，而露絲的鄰居們，每天又能聽到她歡樂的歌聲了。

「如果我能像XXX一樣就好了！」這句話相信每個人都曾說過，但真的是這樣嗎？姑且不論X

XX是否真的如你想像的那麼好，你只需要思考一下自己是否真的願意放棄自我，複製別人生命的軌跡，走完人生之路，恐怕就不會再這麼說了。

愛默生說過：「人們總會發現：羨慕就是無知，模仿就是自殺。」每個人都應該為我是這個世界上獨一無二的個體而感到榮耀。「成為別人」並不是人生的真正意義，做一個出色的「自我」，才是我們最終的目的。這個過程可能一路坎坷，但只要我們堅持下來，就會有所收穫。

要堅持自我，首先要有勇氣，你要勇於面對自己的不足，也要勇於面對外界的異議，如果不能做到這一點，那你只能永遠迷失在尋找自我的路途中。其次，要有毅力，有時候，證明自己需要一個漫長的過程，很多人都會在這個過程中倒下，只有足夠堅忍，才能看到彼岸的曙光！

## 心理急診室

1、你非常餓，但是家裡沒有其他吃的東西，只有一包你不喜歡吃的速食麵，你會怎麼辦？

A、吃了它，我很餓。——回答第3題

B、不吃，自己不喜歡的東西就不吃。——回答第2題

2、不吃速食麵就真的要挨餓，你會？

A、自己出門買吃的回來。——回答第4題

B、堅持，等父母回來。——回答第5題

3、你打算用什麼方法烹調這包速食麵呢？

A、用開水泡，方便。——A型

B、用鍋煮，比較好吃。——C型

4、你去買東西，但是超市盤點，你會怎麼辦？

A、自認倒楣，回家吃速食麵。——B型

B、繼續往前走，去遠一點的超市。——D型

5、爸爸媽媽打電話回來說晚上不回來吃飯了，你會怎麼辦？

A、自己出去吃飯。——C型

B、不吃了，乾脆睡覺。——D型

**診斷結果：**

**A型**——唯命是從型：別人說什什麼你都會說好，缺少自己的主見，在大家眼裡是典型的濫好人，但

是你在朋友中總是處於尷尬的地位，所以切記幫理不幫親。

B型──容易軟化型：當你有自己的想法時，只要別人加以引導，你就會改變原有的觀點，所以從小你就是個循規蹈矩的孩子，這也就養成了你比較軟化的性格。

C型──意志變化型：你雖然有不容易被動搖的意志力，但是礙於親情和友情的關係，你總是將自己的想法藏起來，去順從他們，只有當你覺得不可行時，才強硬地拒絕別人的意見，在朋友眼裡你是典型的「牆頭草」。

D型──堅持己見型：你不僅是意志堅定，而且是一旦做了決定就不回頭的那種人，因為你這種強硬的性格，常常讓你碰得頭破血流。

# 第二章

# 那一刻，我不能自己。

## ——陰霾籠罩心頭

沒有誰是完美的。當萬物之靈利用其他動物的弱點操縱世界之時，他們沒有看到自己身後也有一條長長的黑影。屠格涅夫說：「人的心靈是一座幽暗的森林。」在這座森林裡，每一個角落裡都會長出一朵鮮花，但每一朵花下都會長滿有毒的倒刺。如果你不懂得用智慧去判斷它們，用意志去約束自己，那你將會深陷其中，無法自拔……

# 一件古董，兩種命運——逃避

性格決定命運，往往源自內心的一點點意識，就會對一件事、一個人產生意想不到的影響。大剛和小志是一對搭檔，在同一家古董店上班，平時關係也處的不錯，但是一件偶然的事情，卻改變了他們的境遇。

一日，老闆將兩人叫到身邊，告訴他們公司有一件很貴重的物品要在規定的時間內送到客戶手裡，客戶會在碼頭與他們完成交接。辦好手續，兩人開著貨車就出發了。可是沒想到車開到半路就壞了，附近又沒有便車可以搭。索性離碼頭已經不是很遠了，大剛覺得靠自己的一身力氣，將古董背到碼頭沒有問題，就讓小志在邊上看著點，不要出現意外。兩人都很緊張，怕誤了店裡的生意。直到快到碼頭，大剛已經是滿頭大汗，只是為了不耽誤正事，暗自堅持。小志輕鬆一些，頭腦也靈活，他覺得如果讓客戶看到是自己將古董搬來，肯定會留給對方一個好印象。聽說店裡正準備提升一名員工做客戶經理，說不定自己的「敬業」會傳到老闆耳朵裡呢！

於是，他讓大剛休息一下，說自己來繼續背著古董。大剛也沒多想，覺得輕鬆輕鬆也好，眼看到了碼頭，應該不會出什麼事了。誰知道天有不測風雲，在兩人換手的時候，小志沒抓牢，古董順勢滑落，摔在地上，破了。兩人當場傻眼了，這件古董他們可賠不起，耽誤了生意不說，自己的飯碗都可能丟了，說不定還要背一身債呢！小志心裡十分後悔，無奈之下只有先給老闆打電話，說出了問題，不能交易了。老闆倒是很鎮定，要他們回來解釋清楚情況再說，客戶那邊他來聯繫。

兩人回到公司，情緒都十分低落，因為這件事的後果到底有多糟，他們都很難說清。小志猶豫再三，決定還是自己先去找老闆解釋。避開大剛，他悄悄溜進了老闆的辦公室，說：「是他要休息的時候，不小心掉下來摔破了那東西，不能怪我。」昂著頭，理直氣壯地說出自己想好的理由，小志下意識地摸了一下自己的鼻子。老闆眉頭微蹙，隨即舒展：「好吧！我知道了。」送走自己的手下，老闆的臉色一片陰沉，但他還是決定給大剛一個機會。「到底發生了什麼事？」老闆的語氣又恢復了平靜。大剛正因為自己的疏忽懊惱不已，於是就將事情的經過完整地告訴了老闆，並主動承擔責任，說是由於自己的疏忽，導致了事故發生。另外，由於小志家裡情況不好，大剛希望老闆如果要進一步處罰，如辭退、索賠等，都由自己來承擔。

時間過得很快，一週之後，公司下公文任命大剛為新的客戶經理，而小志則被公司辭退了，具體原因不詳。這回小志沒有猶豫，立刻衝進了老闆的辦公室，問：「為什麼？」十分鐘以後，小志低頭走了出來，看到詢問而來的大剛，苦笑一聲，嘆息離去。看到門外的大剛，老闆讓他進來，講述了背後的一切。

原來，兩人負責運送的古董本就是個仿品，應買家的要求，店裡並未將此事說明。而兩人在碼頭邊所做的一切，恰巧被提前趕到的買家看在眼裡。老闆在與兩人談話之前，已經知道了事情的真相。只是隨後兩人的表現，讓老闆對他們有了新的認識。平時乖巧伶俐的小志因為在關鍵時刻選擇了逃避，而失去了工作的機會；大剛則由於在壓力下依然勇於面對，勇於承擔責任，獲得了新的機

會。

「逃避、推卸責任，並不能解決問題，要做一個經理，就要明白這個起碼的道理。」這是小志走之前，老闆說的最後一句話，相信他會銘記於心。

有人因為生性懦弱，有人因為懶惰消極，有人因為不負責任，都會產生逃避的心理，而在做出這個決定的同時，他們都已經犯了「人生最大的錯誤」，小志正是因為犯了這個錯誤，才釀成惡果。

在現代社會中，人是無法獨立生存的，必然會與其他人發生千絲萬縷的關聯，也會面對各式各樣的困難。不管怎樣逃避，最終還會再次面對這些，所以逃避永遠不是正確的選擇，只有勇敢面對，才能讓自己堅強，戰勝困難。

## 心理急診室

手機的功能不斷翻新，已經成為流行的趨勢。現在，如果給你一個機會，讓你以設計師的身分去選擇，你覺得什麼樣的功能才會讓你的產品夠酷夠創意？

A、隨身伴唱加迷你的麥克風，無限制卡拉OK功能。

B、二十四小時全天候監視情人行蹤的定位功能。

C、即時收看電視、電影，兼可錄音、錄影功能。

D、透過觸控螢幕，能為你檢查身體健康狀況的功能。

## 診斷結果：

**答案A：**你的思想很單純，不會受困於矛盾。但是受身邊人的影響，和來自周圍的聲音會破壞你原有的決定，導致你產生懷疑或動搖，進而走向逃避之路。因此，你只要穩定情緒，堅定信心，按照自己的判斷行事即可。

**答案B：**你頭腦靈活，行事果斷，有領袖的氣魄，一旦確立目標，就會堅定走下去，極少會有逃避現實的念頭。不過這種個性會對你身邊的人產生較大影響，信你者同樣堅定不移，畏你者避之不及。

**答案C：**謹慎、敏感、從眾是你最大的特點。你相信和大多數人一起行動，就算不會太好，也不至於太壞。和大家在一起不用承擔太多風險，遇到意外也能相互照顧，因此，你非常喜歡在保守中求取最大的利益。

**答案D：**你實在太悲觀了，所以你逃避現實的次數也可說是無人能及！你才華橫溢，卻因為喜歡過早懷疑和否定機會，讓你的潛力根本無從發揮。總是從消極的方面思考問題，也使得你的自信心一點點消失殆盡。

# 失去的不只是合約——自卑

一轉眼，阿威來公司快三個月了，他勤奮、好學、積極、熱心，主管看在眼裡很高興，只是有一點，做為一名業務員，他的業績卻拿不出手，試用期很快就要過了，到底要不要留下他呢？

阿威自己心裡也很清楚，在公司他努力表現，就是為了得到這份不錯的工作。他也想將主管交代的任務做好，可是無奈每次面對客戶，他就大失水準，之前的準備功課都忘得一乾二淨，還是要靠同組的老同事幫忙才能勉強應付。久而久之，大家都不太願意和他合作，他面對同事時更是不敢抬頭。

這一天，阿威一大早收到一個好消息，原來是他以前的同學找他，他的同學現在在一家大公司，有意和阿威他們公司合作，這才派同學聯繫他，準備先和他談談。「好啊！老同學，那可多謝你了。」阿威一臉興奮，在電話裡也就和同學多聊了幾句。等掛了電話，他這些日子臉上的陰霾一掃而光，心裡盤算著，我終於等到機會了。

阿威做了充分的準備，將兩家公司的資料和業務上的合作基準掌握得一清二楚，他確信自己能將這次合作促成，也希望就此能改變自己在公司的地位。然而，當洽談的頭天晚上接到同學電話，說因為公司老闆重視，第二天見面的對象由部門主管換成了老闆親自上陣時，阿威有些猶豫了：那可是真正的成功人士啊！跟那樣的人談判，我行嗎？勉強答應了同學，他的心裡就打起鼓來，即便他將資料拿出來看了又看，晚上還是輾轉反側，不知道明天該如何應對。

第二天見到同學，對方就問他眼睛怎麼了，「別提了，我就怕談不好，一夜沒怎麼睡。」阿威搖了搖頭，勉強睜了睜發紅的雙眼。同學嘆了口氣，還是帶他去見老闆。等進了老闆辦公室，阿威就發現自己身上的「零件」都不太好使喚了。看著辦公事裡奢華的裝飾、高檔的設備，再看看寬大的老闆桌後那位渾身散發著上位者氣勢的老年人，阿威的自卑感一下湧上心頭。他發現自己突然變得腳步沉重，思維遲緩，嘴也不聽使喚了。在緊張地問候了對方之後，他便低著頭坐在那裡，不時喝一口祕書端來的茶水，卻發現沒有絲毫好轉。

在同學踢了他兩下之後，阿威回過神來，開始介紹自己公司的業務。他說得非常快，深怕自己將已經爛熟於心的資料忘記，只是始終不敢抬頭對視那位老闆的眼睛。由於部分內容聽得並不清楚，老闆又問了他幾個問題，這下阿威心裡更慌了，他覺得對方並不怎麼在乎他和他的公司，自己和人家談合作簡直是自取其辱，所以之後準備的說詞也就壓了回去，只是緊張地解釋對方的問題。他的同學雖然也在一旁極力幫忙，無奈有些問題也是有心無力，還沒怎麼深談，阿威自己先敗下陣來了。

看到這種情形，老闆心中有些不悅，他覺得一定是阿威公司的實力有問題，不足以成為自己的合作夥伴，要不然怎麼會這樣吞吞吐吐，沒有自信。而且對方公司用阿威這樣的人做業務人員，可見管理上也不高明。於是老闆藉口還有事，匆匆結束了這次談話。當還在雲霧之中的阿威被老同學送出門時，看到對方埋怨的神情，才終於想到自己此行最大的任務。

可是一切都晚了，主管很快也知道了此事，雖然公司最後還是與對方取得聯繫，開始了新的合作談判，但阿威卻不得不主動結束自己的「試用期」，開始尋找新的工作。

過分輕視自己，就是自卑。當一個人受到來自外界或自身某種打擊時，都有可能產生自卑心理。其實這些打擊未必都是致命的，只是在自己內心深處，會由此產生不悅，進而對自己做出否定判斷，才是最主要的。

有科學研究指出，自卑的人個人能力、先天因素、後天環境大多都是處於社會中游或中上游水準的，可見自卑與你在社會中所處的絕對地位沒有必然關聯。心理意識尚未成熟的青少年、生理結構具有缺陷的殘疾人，的確容易產生自卑感。但更多人，往往只是因為事業或生活中遇到的一些小挫折、小困難，就變得自卑，這種人的確會讓他人瞧不起。

要想避免走入自卑的陰影中，開放和積極的心態是必不可少的，帶著這種心態，投入到無論是團隊運動抑或是讀書練字等行動中，都會減少自卑對自己身心地影響，並且在取得某些成就之後，適時地獎勵自己，將會事半功倍。當然了，如果你實在被自卑心態壓得抬不起頭來，不妨找一個沒人的角落，大哭大喊一場，充分發洩一下自己的情緒。

## 心理急診室

自卑是主要的心理問題之一，你自卑嗎？來心理急診室一下吧！請認真完成以下十道選擇題，每道題的答案都是「是」或者「否」：

說明：回答「是」得1分，回答「否」得0分，來統計一下你的總得分。

1、遇到難事，你想尋求幫助，但又不願開口求人，怕被別人取笑或輕視。

2、當別人遇到麻煩時，你常會有幸災樂禍的感覺。
3、你愛向人誇自己的能力和「光榮歷史」。
4、你認為學業成績、工作成績是很重要的。
5、你覺得入鄉隨俗是件困難的事。
6、你覺得人的面子最重要，輕易認錯是很沒面子的行為。
7、你害怕生人或陌生的地方。
8、常常自問「我是很行的嗎？」這類問題。
9、你常覺得自己是不利處境下的犧牲品。
10、你是個愛虛榮的人。

**診斷結果：**

0～2分者：你是個很有自信心的人，能與他人和睦相處。

3～6分者：你很可能缺乏自信心，行事可能保守而缺少魄力，但這也許能使你安於現狀，無所事事。如果你認真反思一下，把想做的事情和能做的事情列出來，你會發現，實際上，你能做的事情遠比你想像的多。

7～10分者：你有一種強烈的自卑感，即使你表現得很自信、自傲，但你常常在自信和自卑的兩端徘徊。有時這種性格上的矛盾令你感到痛苦或害怕。你得想辦法採取行動消除自己的自卑感了。

# 博士生出洋相——自負

阿斌在網上尋找到了一位名氣很大的心理醫生，他覺得自己最近的狀態出問題了，需要尋求幫助，但又苦於並沒有什麼知心朋友，只能求助心理醫生。要說這件事情，還得從一年前說起，出現問題只能怪他太自負了。

原來阿斌畢業於北京最著名的一所中學，一直以來勤於鑽研，學業優異，讀至博士畢業，之後在本地一家大公司找到工作，待遇甚優。多年潛心學業，使得他對人際交往有些生疏，再加上自己在專業領域卓有建樹，便有些自視甚高。

平時在公司，一起工作的同事他都有些瞧不起，覺得他們都是「綠葉」，是用來陪襯自己這個「紅花」的，所以對同事們主動伸出的「橄欖枝」從來都是愛理不理，既不怎麼與同事說話，也不和大家一起活動。而且，由於他是整個部門唯一的博士生，所以上至老闆，下至工人，就沒有他能瞧得上眼的。時間久了，大家也就不怎麼與他交往了，甚至做什麼事都躲著他，辦公室裡常常都是大家在討論某件事或準備某項活動，只有他孤伶伶坐在角落發愣。

前兩天，部門主管和副主管要去郊區釣魚，覺得平時好靜的他可能會喜歡，想藉此再和他緩和一下關係，好早日融入到集體之中。誰想到卻發生了一件讓人啼笑皆非的事情。三個人在魚塘邊並排而坐，揮竿垂釣，偶爾小聲交談兩句心得，倒也愜意。阿斌也覺得這項活動很適合自己，難得放鬆一次，看著身邊的上司也順眼多了。沒過多久，他看到副主管放下魚竿，挽起褲管，站起身來，小聲說了句：「我去方便一下。」就向湖裡走去。他剛想出言勸阻，就見副主管彷彿武俠劇中身負絕頂輕功的大俠，腳踩水面，橫跨而過，很快就到了池塘對面的廁所，安然無恙。難道副主管真人不露相，是位隱於鬧市的武林高手？阿斌心裡打了個顫。還沒回過神，耳邊有人說話：「不好意思，我也去方便一下。」就見大腹便便的部門主管捲起褲管，也向湖中邁步而去。這一看阿斌心中不由更奇，一百多公斤的大胖子，一步一步慢慢走向池塘對面，這功力可真不是人練的，難道有什麼機關？但是又看不出有什麼不對勁，他百思不得其解，直到看著兩位上司回來，他甚至想，難道「我去方便一下」是這裡的咒語，說了就可以踏水而行？

越想阿斌心裡越癢癢，像他這種「書呆子」，對於武俠小說裡的大俠，還是很嚮往的，但看著身邊兩位上司，卻又不知該如何開口。憋了很久，他終於決定，別人能做的事情我也能做，我也要去試試！於是他也學著主管的樣子，說了句：「我也去方便一下。」兩位主管看著他一愣神，隨即又點點頭，繼續看著自己的魚漂。阿斌心裡雖然有些緊張，但依舊自負地想，一般人都能辦到的事，我一個博士更能做好。想著自己如何用優雅飄逸的姿勢跨越水面，阿斌邁出了左腳，卻一腳踏空，緊接著又邁右腳，已經來不及了，撲通一下掉進了池塘。好在水面不高，剛好及胸，聞聲趕來的主管七手八腳將他拉回岸邊。忙了半天，阿斌才恢復了鎮定，主管這才問他：「原來你不知道啊？」阿斌一臉茫然：「知道什麼？」副主管遞給他一條毛巾，然後告訴他，這裡池塘太大，釣魚者要上廁所就得繞半天，於是主人就在水中打了木樁，方便遊客穿行，只是這兩天剛下過雨，水漲淹沒了

木椿，才看不見。「看你那麼有自信，我們以為你知道這事呢！」副主管一邊搖頭一邊笑道。

自負是一個人對自己認知過高的表現，是「自信」的升級版。一個人通常會因自身能力、環境等因素產生自信，自信過了頭就是自負。它來自於生活工作或學習中一點點的累積，不是每個人生來就自負的。自負的人通常會有一些優點或優勢，但產生自負心理恰恰又是其見識有限、心胸不足造成的。

自負最主要的表現就是看不起別人，尤其是自己身邊的人，總覺得別人不如自己，於是盲目相信自己的判斷。但是當看到更強大的對手，或者是發現自己判斷出現錯誤時，才能體會到自己的自負不過是一種「無知」的表現。

年輕人追求上進，有一點自負心理無可厚非，但過分自負，就會有麻煩，故事中的阿斌就是如此。想要克服自負情緒，提高認知是基礎，不光要認識自我，更要認識世界，有比較才能發現自己的不足，才能避免過分自信。

謙和的心態也很重要，一個人再強大也不是萬能的，人人平等，團結才是力量，這些簡單的道理是自負者不可忽視的苦口良藥。最後，還要善於接受批評，多一個角度幫你思考問題，人生的道路也會走的更順利。

## 心理急診室

你是否有自負心理，回答下面問題，只需回答「是」或「否」即可。

說明：第1、4、10、11、13、14、15、16、17、18、19、26、34、35、36題，答「是」得1分，答「否」得0分；其餘各題答「是」得0分，答「否」得1分。

1、參加聚會時，你很想去洗手間，會忍著直到聚會結束嗎？

2、你的記憶力很好嗎？

3、如果你無意傷了別人的心，會難過嗎？

4、你認為你的優點多於缺點嗎？

5、如果店員的服務態度很惡劣，你會去找他們的經理嗎？

6、面對別人的批評，你會感到難過嗎？

7、你很少對人講出你真正的看法嗎？

8、你經常懷疑周圍人對你的讚美嗎？

9、你經常強迫自己做很多不想做的事情嗎？

10、你滿意自己的外表嗎？

11、你覺得自己的能力比別人強嗎？

12、你常常羨慕別人取得的成就嗎？
13、你是一個受歡迎的人嗎？
14、你為了不使家人難過，而放棄自己喜歡做的事嗎？
15、你很有幽默感嗎？
16、你懂得怎樣搭配衣服嗎？
17、危急時刻，你也會保持鎮定嗎？
18、你與別人合作得很好嗎？
19、你認為自己很平凡嗎？
20、你常常希望自己長得像某個人嗎？
21、聚會上，只有你自己穿得不正式，你會感覺不自在嗎？
22、你覺得自己非常有魅力嗎？
23、你會為了討好別人而打扮自己嗎？
24、你總是感覺自己不如別人嗎？
25、你認為你屬於成功的人嗎？
26、你的生活任由他人來支配嗎？
27、你經常欣賞自己的照片嗎？
28、你常常對別人說對不起嗎？即使你沒有錯的情況下。

29、如果想買件內衣，你會在網上下單，還是自己親自去店裡買？

30、你希望自己有更多的天賦和才能嗎？

31、買衣服之前，你會先聽取別人的意見嗎？

32、在聚會上，你常常不會先主動與別人打招呼嗎？

33、你有很強悍的個性嗎？

34、一旦你下定決心，即使沒有一個人贊同時，你依然會堅持到底嗎？

35、你覺得自己很有吸引力嗎？

36、你經常聽從他人的意見嗎？

**診斷結果：**

11分以下：你從心理上對自己不是很有信心。你平時過於謙虛和自我壓抑，也因為如此，常常被別人支配。要多想自己的優點，不要總是想自己的短處；先要自己看重自己，別人才會看重你。

12～24分：你對自己頗有自信，但是由於你經常缺乏安全感，所以會懷疑自己。不妨多提醒自己，在某些方面並不比別人差，特別在意自己的才能和成就。

25～40分：你對自己信心百倍，知道自己的優點同時也很清楚自己的缺點。如果你的得分接近四十分的話，就會被人認為自負，甚至有點囂張。你盡量在別人面前謙虛一點，這樣才會受歡迎。

## 窗外的神祕風景——自私

錢先生和孫先生是同住在某市醫院重症病房的病友，自從住在一起就成了無話不談的朋友，而且由於病情嚴重，醫生不允許下床運動，這下兩人每天就只能用聊天來打發無聊的住院時光。

病房裡有個小窗戶，正好在錢先生的病床旁邊，之前兩個人聊天時就老想像窗戶外面的景色，錢先生說：「窗戶外面肯定有棵大柳樹，旁邊有條小河，周圍的老人們早晨來這裡運動，做操練劍，傍晚帶上自己的小孫子、孫女來這裡散步，多棒呀！」孫先生不服輸地說：「肯定不是，肯定是條公路，每天公路上跑著各式各樣的車。」就這麼個小窗戶，給兩個人的生活增添了不少的希望。

這天早晨，錢先生的主治醫生來巡視病房，告訴錢先生他的病情有所好轉，允許他下床行走，但是不能出病房，錢先生高興極了，總算不用老躺在床上了。這讓依然要躺在床上的孫先生羨慕不已。錢先生為了證實之前自己的想像是正確的，剛下床就立刻衝到窗戶邊，就聽他哈哈大笑起來，孫先生一看錢先生的反常行為，也好奇地問道：「怎麼了，看到什麼了？」錢先生得意地說：「我猜對了吧？看看，就是有棵大樹，但不是柳樹，也有小河，還有個小花園呢！看看遠處的小亭子多漂亮，……」錢先生興奮得像個小孩子一樣講述著窗外的景色，躺在病床上的孫先生就這麼靜靜地聽著錢先生給他直播窗外的景色，孫先生想像著，不由得臉上泛起了笑意，心想：「多好呀，我也要早點好起來，去看風景！」

就這樣，每天早晨起來，錢先生第一件事情就是衝到窗戶邊直播窗外的人、事、景，又看到什麼樣的情侶，他們有多甜蜜，又看到了什麼樣的老人帶著可愛的小孫子在划船…………孫先生雖然聽得很開心，但是心裡很不是滋味，暗暗地想：「憑什麼窗戶在他那邊，憑什麼他能去親眼看到風景，我也要親眼去看，我要換到那個床位去。」

這天夜裡，錢先生的病突然加重，正好他的家屬不在，錢先生拼命地按床頭的急救鈴，可是就是差一點點，臨床的孫先生被他吵醒了，看到了這一情景，趕緊伸手去按自己床頭的急救鈴，可是眼看就快按到了，他又把手縮了回來，心想：「機會來了，我馬上就能夠換到那個床位去了。」第二天清晨，孫先生眼看著護士將錢先生的屍體推出了病房，過了幾天，孫先生跟護士申請換到了原來錢先生的床位，可是當孫先生在護士的幫助下來到窗前時，卻愣住了，窗外什麼都沒有，只有一面白牆，這時孫先生才明白錢先生的用心，他失聲痛哭。

「自」即自我，「私」即私利，自私就是自己的利益以及為此利益所產生的心理、行為等。自私在生物界是普遍存在的。自然萬物，為了自己的生存，多少都會有自私的行為表現，比如魚兒爭食，比如花朵爭豔。而對人類來說，自私就被升級了，除了最簡單的為了生存的「利己」行為，更多的為了爭取利益的「損人」行為，也存在於我們身邊。由小處說，貪圖蠅頭小利，不講公德，損害他人權益；往大處說，為了一己私慾，喪失道德，違反法律，視集體國家利益如無物。如此種種，都是自私作祟帶來的「惡果」。

客觀地說，適度的自私心態，可以保持人們良性的競爭，可以提高人們的生活水準，促進社會的發展，但過度自私的行為顯然是不被道德和法律所允許的。羅貫中筆下的曹操曾有「寧叫我負天下

人，毋叫天下人負我」的感慨，可謂將自私體現到了極致。只可惜終其一生，也沒有實現一統天下的宏願，可見自私的終點並非天堂。

羅曼．羅蘭曾經說過：「等到自私的幸福變成了人生唯一的目標之後，人生就會變得沒有目標。」其實，這時的人失去的何止是目標，也是人生真正的幸福。

做為一種常見的心理狀態，自私是可以避免或控制的。經由心理調節，我們可以讓自己免受它的困擾。經由對自己內心的細緻觀察，與社會公德及他人行為做出比較，找到自己不足並加以改正，是構造心理學派主張的「內省法」。利用條件反射原理，在意識到自己有自私想法時，用外界刺激提醒自己的辦法稱為「迴避訓練」。除了以上兩種方法，在平時生活中，多做好事，樂於助人，讓為別人著想的心態成為一種習慣，也是一個不錯的辦法。

## 心理急診室

有人曾經說過每個小孩子都是藝術的精靈，假設你現在是一個小孩子，能選擇從事藝術工作，那麼你會選擇什麼職業呢？

A、畫家。

B、攝影家。

C、雕刻家。

D、作家。

**診斷結果：**

**答案A：**你是一個以自我為中心的人，你想做就做，主張只為自己而活。不想遵守僵硬的社會規範。情人想要改變你是不可能的任務。我行我素是你的特點，另一方面也可以說是自私。你獨斷獨行的作風會讓對方很辛苦，所以和你談戀愛的人是很累的。自私指數90％。

**答案B：**你喜歡愛情中的互動感，只要情人帶給你快樂，你也會給予回報。你在乎對方但也尊重對方，總是喜歡默默觀察對方的需求，例如情人的喜好，然後用特別的方式在特別的時刻，給對方一個驚喜，情人會覺得你很貼心。自私指數15％。

**答案C：**你是個認真的人，所以你不甘心你的愛情被別人操縱，通常在愛情中，你比較愛採取主動。你去塑造你想要的愛情，所以你需要情人能配合你的想像，如果可以，兩人就相安無事，你也會是個好情人；如果情人跟你想像的有所差距，那麼你的不安全感就會發作。自私指數75％。

**答案D：**在愛情中，你在乎金錢的程度遠遠超過在乎對方外貌的程度，你最在乎的是有沒有得到對方的真感情。你最討厭自私的人，所以在愛情中，你是會為對方著想的人，但是需要多注意技巧，不要強迫對方接受你自以為是的好意，因為強迫對方接受也是自私的表現。自私指數40％。

## 痛快一時艱辛一世——虛榮

小麥是個漂亮女孩，學生時代許多的追求者都沒能讓她心動，畢業工作後遇到了老實踏實又懂得疼愛人的老公，於是決定嫁給這個男人做老婆，但是唯一讓小麥不滿意的就是老公賺錢不多又沒有殷實的家庭，所以結婚快五年了，小麥和老公還是住在租來的房子裡，每天過著粗茶淡飯的日子。小麥有時候想起身邊的那些朋友，不是嫁了個有錢老闆就是釣到了金龜婿，雖然心裡有些酸酸的，但看到對自己無微不至的老公，又將不滿壓下了。

這天正在上班的小麥，接到了好朋友洋洋的電話，說大學同學要舉行一次化妝舞會慶祝畢業六週年，小麥本來想推託不去的，她不想讓大家看到自己現在過得這麼清貧，卻還是在洋洋的威逼利誘之下同意了。

當天小麥下班回家就開始翻箱倒櫃地找衣服，她不想讓別人看不起自己，雖然車子和房子不能跟別人比，但是穿著和相貌自己不能輸給人家，小麥心想，怎麼說當初我也是一校之花呢！翻了半天終於找出來一件當時結婚時買的小禮服，看著小禮服小麥很高興，這小禮服當初可是花了不少錢從一個小有名氣的設計師那裡訂製的，穿上這件小禮服去參加舞會肯定有面子。但是小麥沒高興多久，就又發愁起來，衣服是有了，但是配衣服的包包呢？總不能背著平時上班用的包包去吧？這看著也不倫不類呀！

小麥想起了自己另外的一個朋友小迪，小迪不僅家裡有錢而且嫁給了一個很有錢的老公，穿的、戴的都是名牌，於是她想和小迪借個體面的包包，便給小迪打了電話。小迪大方地答應了，讓小麥明天下班去她家裡隨便挑。

第二天，小麥下了班趕去小迪家，千挑萬選終於決定借小迪那個從法國買回來的鑲鑽黑色小手包。小麥高高興興回到了家，迫不及待穿上小禮服配上小手包，看著鏡子裡的自己，臉上露出了滿意的笑容。

果然不出小麥所料，舞會上個個都穿得很講究、很高檔，小麥暗自慶幸自己早有準備。在舞會上她也成了焦點，簡直就成了一位美麗動人的公主，人人都誇小麥還是那麼美麗，誇她的小禮服和手包好看極了，小麥這些年不平衡的心理終於得到了滿足。

舞會結束，小麥心滿意足地回到了家裡，但是還陶醉在舞會中的小麥發現包包上的鑽石不見了，這下她可著急了，就那麼一顆鑽石要好幾萬呢！自己和老公這點工資，不吃不喝也得好幾年才夠買這麼一顆鑽石的呀！她將事情告訴了老公，老公來不及責備她，兩個人從家一直找到了舞會的現場，還是沒有找到。怎麼辦呢？總不能告訴小迪自己把鑽石給弄丟了吧？

於是，小麥和老公商量決定找老公的一個老同學先借點錢，再想辦法讓人從法國買一個一模一樣的包包回來。就這樣，小迪那邊總算有了交代。可是小麥和老公原本就清貧的日子，更加雪上加霜了，為了早點將錢還給人家，兩人只能每天吃饅頭、鹹菜，小麥看著日漸消瘦的老公，流下了傷心的淚水，不僅自己要為自己的虛榮買單，還連累老公，心裡很不好受。

生活中每個人都有自尊心，如果極度的自尊，那麼就是虛榮。虛榮心就是用自己能力不能及的虛假方式來保護自己的自尊，虛榮心是自尊心過分的表現。有虛榮心理的人，往往表現為不擇手段地維護自己在別人心目中的形象，總是想比別人強。

虛榮是指為了維護自己變態的自尊心，透過各種非正常手段來實現目的。不論是學識、樣貌、財富、官職，皆有可能做為虛榮的目標，所以不論貧富貴賤，不分男女老幼，虛榮之心隨處皆可開花結果。但是這種經由弄虛作假或者窮極手段得來的自尊心，本身就是十分扭曲的，它並不能幫你得到相對的自信和快樂，相反，虛榮的背後，往往是自卑和空虛不離左右。

波普說：「每一個人的虛榮是和他的愚蠢程度相等的。」在中國古有石崇鬥富，今有遍地「選秀」，無不是虛榮心作祟的典型。而當一個人為了達到自己虛榮的目的時，選擇的手段往往不僅愚蠢，更可能卑劣。因此，這種虛榮心對社會、對他人的影響，是消極而又明顯的，我們應該很自覺地克服這種心理。

想要遠離虛榮，首先要分清自尊和虛榮的區別，其次要實事求是，在正確認識自己的基礎上，做出基本的判斷，避免不切實際的幻想，避免弄虛作假或有損他人的行為出現，淡泊名利，開闊心胸，久而久之，自然會發現那些虛榮帶給我們的煩惱痛苦早已煙消雲散，不再困擾自己了。

## 心理急診室

春天到了，妳發現辦公室裡的女同事們都換上漂亮的春裝，但是碰巧妳最近手頭非常拮据，面對這種情況，妳會怎麼做呢？

A、無所謂，自己的衣服還能穿，還是解決吃飯問題重要。

B、借錢也要買一件新衣服。

C、自言自語：這樣的衣服我多著呢！只是懶得穿。

### 診斷結果：

**答案A：**妳對自己充滿自信，不會太在意別人怎麼說或者怎麼看妳，主張自己的心情才最重要，妳對物質生活要求不算高，並且通常對周圍流行什麼不是很在意，妳很反感周圍愛攀比的人，妳認為比來比去是件特別無聊的事情。

**答案B：**妳虛榮心和自尊心都特別強。妳是一個不願意認輸的人。妳非常在意周圍的人怎麼看妳，別人又如何如何，總是裝著一副很幸福快樂的樣子。老愛跟別人比，妳不覺得累嗎？妳被自己好強的心理牽著走，形成了現在的偏差個性。

**答案C：**妳有一副愛慕虛榮的嘴臉，談吐行為將妳身上的虛榮氣息表現得淋漓盡致。妳常常為了誇耀自己，不惜說出一大堆的謊言來欺騙別人，但這些行為在妳眼裡並不認為有什麼問題。但是，要謹記謊言總有被揭穿的一天，等謊言被揭穿的那天妳就慘了，再也沒有人會相信妳。

## 小車怎麼了——攀比

阿梅和老公相戀五年，終於有情人終成眷屬，步入了婚姻殿堂。小倆口收入穩定，感情甜蜜，家裡也都沒有什麼負擔，日子過得很幸福。阿梅在政府機關上班，工作並不辛苦，就是離家有點遠，每天都要早起擠公車，看著別人的老公開車接送，阿梅心裡就有些羨慕。一日，她與丈夫提及此事，希望能買車代步，不但省去不少辛苦，如果家裡有什麼事，也可以即時趕回來。

禁不起阿梅軟硬兼施，想想她說的也有一定道理，老公就同意買輛車。但是兩人都處於事業起步階段，兩家老人也沒有太多積蓄，他們就決定買輛便宜的小車，車雖然小，但是在城市裡開也足夠了，而且省油，維修成本也低，很適合他們小倆口。

剛坐上新車的日子裡，阿梅滿心歡喜，總也坐不夠似的。每天都是高高興興上班去，開開心心回家來。想到自己也是有車階級了，渾身都充滿了幹勁一般，上班積極工作不說，回到家裡也不閒著，又是做家事，又是幫老公按摩，搞得老公都有些不好意思，不得不叫她停下來多休息休息。看著阿梅臉上滿足的笑容，老公心裡暗想，這小車買的真值得！

可是有一天，老公在阿梅公司門口等了很久，才見阿梅磨磨蹭蹭走出來，一臉不情願，此時機關裡的人都差不多走光了。看到愛妻不悅，自然要關心問幾句，但是阿梅搖搖頭，只說自己累了，就閉口不言。之後幾天，老公發現阿梅都是下了班很久，等同事差不多走光了才出來，回家也是眉頭緊縮，但是問她又不說是怎麼回事。直到有一天，阿梅坐進車裡，伸手指著前面一個小巷，說：「老公，以後你接送我的時候都把車停到那裡面吧！我下了班保證很快就出來，不磨蹭。」「為什麼，你們公司門口不讓人停車了嗎？剛才我還看到有輛賓士停在我前面等人呢！」老公一臉不解。誰知這句話觸動了阿梅的心事，一下子發洩出來，大聲嚷道：「是呀！你也知道那是輛賓士，你的小車能跟人家比嗎？」老公一怔，隨即明白了阿梅的心思，只好先默默開車回家。

回到家，老公就問阿梅怎麼回事，阿梅一臉委屈，這才慢慢道出原委。原來，前陣子公司來了位新同事，年紀跟阿梅差不多，但是打扮時尚，出手闊綽，尤其是每天上下班，都有一個男人開著氣派的賓士接送。工作閒暇，大家有時就會聊到這輛車，由此又說到各家都買了什麼車。阿梅發現，其他同事雖然沒有開雙Ｂ，但家裡大多也都是買別克、奧迪，至少也是本田、現代，只有自己家裡買的是國產的小車，每天還美孜孜的。雖然同事們都沒說什麼，但阿梅覺得自己被大家比下去了，尤其是看到新同事那趾高氣昂的樣子，心裡就不是滋味。於是她刻意下班後晚出來，有意避開大家的目光，覺得這樣心裡稍微好受些。今天恰好老公說到此，她便將滿腹怨氣都發洩了出來。

老公聽後十分無奈，知道阿梅的脾氣，此時講什麼大道理她都聽不進去的，只好問她一句：「那你們同事都有車嗎？」阿梅想了想，發現同事之中還真有幾個家裡沒有買車，每天擠公車上班，人家過得也挺好，沒聽說因為沒車，工作、家庭出什麼問題，這才慢慢平復了情緒，說：「那你明天還是照常接我下班吧！老公。」

「人比人，氣死人。」這是一句人們常說的話，雖然簡單，但卻深刻。尤其是對喜歡攀比的人來

說，可謂金玉良言。每個人都是不一樣的，先天和後天的差異，導致有些人在某些方面相對於常人確實具有很大優勢，如果一味盯著別人，而不考慮自己的綜合條件，盲目攀比，只能使自己陷入困境。

具體到生活中，能力、相貌、財富、地位等等，都會成為攀比的目標，但是出於人自身的習慣，往往看到的都是別人優於自己的地方，於是心理就會產生不平衡，感慨、哀怨都是小問題，如果鑽牛角尖，出現頹廢甚至仇恨的心理，就很可怕了，因為這種情況下人往往會失去理智判斷，做出最終對自己不理智的事情。

攀比是人類進步的一種原始動力，但如果掌控不好，這把雙刃劍會很容易刺傷自己。要克服攀比的心態，首先要做到理性客觀，如果你能靜下來觀察自己和周圍，就會發現攀比的對象並非如你想得那麼好，自己也並非那麼差，大家只是有些不同而已。此外，偶爾略微降低自己的目標，讓期望變得更現實，也是一個不錯的辦法。

## 心理急診室

請仔細回憶一下，你最近兩個月以來，下列情況會經常發生嗎？需要在自然的狀態下真實地回答。每題的答案均是「是」與「否」。

1、當別人有了車以後，自己也想買，而且是要買超越自己經濟實力的好車嗎？
2、當別人升職後，總是認為應該先晉升自己嗎？
3、在看到別人的手機、相機、電腦、攝影機、音響比自己的好後，決心要買更好的嗎？
4、看到別人的孩子好，就要求自己的孩子更好嗎？
5、看見別人穿的衣服很高檔，自己也不切實際地買更高檔的衣服嗎？
6、覺得別人婚禮辦得很隆重，自己也想辦得更隆重嗎？
7、同事技術好，出國深造，自己沒有技術，也想出國深造嗎？
8、知道別人去旅遊，自己不顧經濟條件，也要去旅遊嗎？

**診斷結果：**

上述問題中，如果有兩個以上問題回答的結果是「是」的話，那麼說明你有不健康的攀比心理。需要進行調節，走出不健康心理的困擾。

## 只要你過得沒我好——嫉妒

阿敏和心怡是大學時的同窗好友，兩人畢業後去了同一家公司應徵業務員，很幸運她們都被錄取了。在第一天去公司上班的前夜，兩個女孩促膝長談，憧憬著她們美好的明天。

剛開始工作，她們感受到的不僅僅是忙碌，更多的還是壓力。尤其是銷售工作，每個月若只靠著一點可憐的底薪生活，糊口都很勉強，她們主要的收入來源還是業績抽成，因此，銷售業績像大山壓在了兩個新人頭上。沒有人幫助，她們只能互相勉勵，分擔痛苦，雖然有時候也幻想自己成為公司的「金牌業務員」，但眼前只能一邊學習一邊拼命。

阿敏天性開朗，善於交際，雖然外表並不出眾，但靠著良好的人緣、口才和永不言敗的奮鬥精神，慢慢打開了自己的一片天空，累積了一批最原始的客戶，她的經濟收益和在公司的地位都有了明顯提升。而心怡天生內向，不愛與人交談，除了阿敏，沒有幾個好朋友，所以來公司都幾個月了，銷售業績還是沒多大起色。看到好友身處困境，阿敏於心不忍，便將自己的幾個客戶讓給了心怡，希望她能藉此走出困境。

沒想到，好友的一番善意被心怡看成是對自己無能的嘲笑，本來看到阿敏事業蒸蒸日上，心中就頗有不平，這下更是怒火滿胸。於是，她不但不領阿敏的情，還在背後搞小動作，進讒言，導致這些客戶眼中懷疑阿敏的誠信以及公司的實力，紛紛終止與公司合作。而阿敏那邊則毫不知情，直到有一天被主管叫到辦公室訓斥了一番，說她能力不行，讓自己已有的客戶輕易流失，直接損害了公司利益，決定扣除她當月業績抽成和其他福利獎金。

阿敏被主管訓得胡裡胡塗了，她不明白好好的客戶怎麼會一下子都走了，就算心怡溝通技巧欠佳，看在自己的面子上，那些人也不會不通知自己一聲就終止合作啊！可是當她無意中抬起頭看到心怡那得意的笑容時，頓覺心中雪亮。雖然有些難以置信，但現在只能咬碎鋼牙自己嚥，她低頭默默回到座位上，開始整理那些遺失客戶的聯繫資料。

而此刻，坐在角落裡的心怡雖然也低下了頭，但臉上幾乎已經開了花。要不是公司裡其他人都在安靜地工作，恐怕她早已樂出聲來。她知道，阿敏這個月基本算是做白工了，而且在主管心中肯定也留下了極差的印象。「妳再了不起，到頭來還不是不如我？至少我還沒有被主管獨自訓斥。看妳以後還敢笑話我！」心怡不禁有些自得。

一個月後，公司張榜公告，一個月前離開的那幾個客戶不但重新開始了與公司的合作，還新簽了幾個大單，令整個公司獲益頗豐。而這其中，阿敏的不懈努力起了決定性作用。公司決定不但給阿敏升職加薪，還要當著全體員工的面重賞阿敏，以茲鼓勵。看著眼前的公告，心怡心中禁不起妒火再起。然而，這一次她再也沒有出手的機會了。鑑於她一貫的表現，再加上主管後來瞭解到了事情的真相，擺在她面前的，就只能是一份辭退信了。

一個人身處社會之中，各式各樣的競爭就無法避免，不只是收入、地位，外表、能力、家世都會被人拿來比較，有比較就會有高低優劣之分，但如果事事爭先，不甘人後，嫉妒之心難免會佔據你

的心靈，使你深陷其中而無法自拔。

更科學地解釋，嫉妒是排斥或破壞他人優勢的心理特徵，有時候並不一定是自己不如別人才會產生嫉妒，自身的偏見認知和爭強好勝，都有可能使人產生嫉妒傾向。「嫉妒」大多由「羨慕」而來，如果控制不好，就會最終走向「恨」。只是十之八九都會誤人誤己，自嚐苦果，就像故事中的心怡一樣。

要克服嫉妒的心理，應該注意以下幾個方面：一是正確對待競爭，學會謙虛。沒有誰會永遠勝利，失敗只是新的起點。二是正確對待自己，要充滿自信。「寸有所長，尺有所短」，每個人都有自己的優勢。三是要正確對待對手，要善於學習。只有提高自己的能力，成為強者，才有可能接受強者的挑戰。靠小聰明、陰謀詭計，只能得逞一時，不可能得意一世。

## 心理急診室

圓圈揭露你的嫉妒心理：首先準備好一張紙和一枝筆，先在紙上畫下一個圓圈，有雞蛋大小即可；然後心中默唸自己心愛的人，並在紙上再畫一個圓，看兩個圓的位置關係：

A、畫的圓在原圓圈的旁邊，兩個圓圈完全不相連。

B、畫的圓比原圓圈小，並且在原來圓圈的裡面。

C、畫的圓比原圓圈大，並包住原來的圓圈。

D、畫的圓在原圓圈的旁邊，兩個圓圈有重疊或交集。

## 診斷結果：

**答案A：**你是一個和嫉妒、吃醋無緣的人。你最受不了別人對你的束縛，同時你也不會去干涉對方。你認為兩個人在一起最重要的是信任。你很懂得疼愛對方，但你絕不願意讓愛成為枷鎖，所以才會有不同於一般的愛的表現。

**答案B：**你需要時時刻刻受到關注，如果知道了對方花心，肯定要鬧翻天。不過，你並不是無理取鬧的人，只要對方承認錯誤，向你道歉，你會諒解他（她）。從表面上看你的醋勁很大，其實你是一個拿得起、放得下的人。

**答案C：**你是個循規蹈矩、斤斤計較的人，對於愛情你屬於完美主義的一類。你的佔有慾極強，認為兩個人既然相愛，就絕對要忠實，你最不可能原諒對方的「背叛」，所以只要對方有一次小花心，你就無法容忍。

**答案D：**你的思想前衛、現代，非常懂得信賴與尊重，即使你發現對方花心，還是能夠給他改過的機會，而不是大吵大鬧。兩個圓圈重疊的部分越多，說明你的現代氣息越濃。

# 走出自設的迷陣——猜疑

阿光是小鎮的能人，聰明過人，前幾年藉著周圍旅遊景點的開發，賺了些錢，日子過得挺寬裕。美中不足的是，兩年前，阿光的老婆生病去世了，也沒有留下一兒半女，時間久了，阿光覺得有些孤單，就開始打算找個老伴。

沒過多久，還真的有人給他介紹了一位好對象，對方是一位大學教授，比阿光還年輕幾歲，人長得大器，也知書達理，因為學校在阿光公司附近有一個實驗室，所以這位姓楊的教授對小鎮倒也熟悉，還曾經聽聞過阿光的事情。雙方見了面，交談過後，對對方都挺滿意，尤其是阿光，覺得自己要是能找一個大學教授做老婆，實在是像作夢一樣。不過有一點讓他有點顧慮，那就是楊教授有一個兒子在上學，雖說對方生活並不拮据，但自己的產業以後真的要歸了外人，心裡總還是有點不舒服。

顧慮歸顧慮，和楊教授接觸了幾次以後，他覺得對方人不錯，也很有誠意，並沒有因為他的年齡、學歷而看不起他，於是兩人商量了一下，就把結婚證書領了。剛開始，阿光心裡還是挺開心的，走到哪都帶著老婆，志得意滿，可是時間久了，他偶爾會聽到一些不好的聲音，大都是說楊教授根本看不上他，只是為了他的錢才和他結婚的，還說他賺的那點錢遲早得歸楊教授她兒子。對於這些妒婦的街邊之談，阿光也沒放在心上，他覺得只要一家人過得開心，安安穩穩過日子也就好了。他還十分熱心地提供場地、資金，幫助楊教授做實驗，楊教授也很高興。

不過由於工作需要，楊教授沒過多久就出國了，一去就是三個月，雖然之前跟阿光打了招呼，但他還是覺得有些失落，再加上外面傳的流言蜚語，阿光心裡就有些不舒服。三個月一晃就過去了，楊教授回來的時候也沒有通知阿光，回來看到對方不在家，也沒多想，猜測是去公司忙了。沒想到進屋沒多久，就有人敲門，開門一看，是阿光的一個朋友，原來是他在一個月前向阿光借了十萬塊錢週轉，現在來還錢。楊教授收了錢，也沒多想，就鎖到家裡的櫃子裡了。讓她鬱悶的是，還沒休息多久，學校就打來電話，讓她去開會，這一去就又是一週。等她再回家，發現阿光正臉色而嚴肅的等她。

阿光劈頭就問道：「妳把我的錢藏哪去了？」楊教授覺得自己受了侮辱，只說了一句：「在你書房的櫃子裡鎖著。」就回屋睡覺了。雖然看到了錢的阿光意識到自己魯莽，向妻子道了歉，但懷疑的種子已經埋在了他心中。自此之後，他把家裡的錢看得非常嚴，對楊教授的行蹤也密切注意，恨不得拿根繩子將對方拴住。這樣一來，楊教授心裡很不舒服，於是一些生活中的小矛盾被逐漸放大，爭吵也多了起來。

受不了丈夫的無理取鬧，楊教授最後索性搬出了新家，住進了實驗室。誰知這樣一來，阿光疑心更重，竟然三天兩頭往實驗室跑，弄得滿城風雨，不但影響了學校正常的實驗科研專案進度，還影響了楊教授在同事中的形象。百般無奈之下，楊教授提出離婚，阿光則以為對方想分他的家產，自然是一百個不答應。時間一長，楊教授看穿了阿光的想法，於是提出「淨身出戶」。直到這時，阿

光才幡然醒悟，但後悔道歉都已經於事無補，楊教授不願再給他機會了。

當兩人即將分手之時，楊教授回轉身來，對阿光說了一句：「阿光，你疑心病太重了。」

猜疑是人性由來已久的弱點之一，這種心理本質上就是一種主觀想像的無限擴大，狹隘、片面，有時甚至盲目。一旦陷入猜疑的泥沼，必定會神經緊張，心理脆弱，行事捕風捉影，失去對朋友、親人等應有的信任，最終損害自己的人際關係不說，更會令自己身心俱疲。

由於猜疑性格的普遍存在，平時生活中我們經常會碰到這種人，他們的神經敏感到極致，幾乎容不得任何人在言詞上對他們稍有不敬。但是他們同時又不願意將自己「隔離」起來，反而非常熱衷於打聽各種「流言蜚語」，再加上自己的種種揣測，得出自己的結論。故事中的阿光就是這類人，如果整天和這種人在一起，真的也很令人頭痛。

想要讓自己的心中沒有猜疑，就要注意以下幾點：第一，用理智克服衝動情緒。「疑人投斧」容易，但在這之前請先想清楚，真的有證據嗎？還是那只是你心中的臆測。第二，增強自信，學會自我安慰。提高自身素養，開闊胸襟，若能做到「不以物喜，不以己悲」，又怎會為別人的言語態度而大傷腦筋。第三，經由與別人健康地溝通來化解心中的陰霾。即時、坦誠、有效地溝通是建立信任、消除誤會的基礎，有了真正的溝通，猜疑很快就會被消弭於無形了。

## 心理急診室

在一個晴朗的週末，你和朋友漫步在森林中，突然發現有個建築物隱藏在森林中，憑你的直覺，你認為是下面哪個建築物？

A、小木屋。
B、宮殿。
C、城堡。
D、平房住家。

**診斷結果：**

**答案A：**基本上你是一個完美的人，你具有寬大的心胸，通常別人不能忍的事情你都能忍，你的處事原則是以和為貴。

**答案B：**你的特點就是思路極細，你會將身邊的人和事安排得很好，所有事情都在你的掌控之中，所以雖然你不算是城府很深的人，但是處理起身邊的人際關係如魚得水，很輕鬆。

**答案C：**你可謂是當代的交際高手，比起選擇答案B的人，你的心思更加細膩，觀察更加敏銳，更能看透一個人的心思。在這方面別人只有羨慕的份，而你也總是以此為傲。

**答案D：**你是個胸無大志的人，雖然你不缺乏對周圍的感應能力，但是你對凡事都抱著一顆平常心去對待，這類人的最大特點就是沒有煩惱和壓力。

# 蘇倫的煩惱——浮躁

蘇倫是某知名大學心理學的博士，她畢業後沒有到體面的心理諮詢機構工作，而是繼續留在校園裡，做起了大學生心理輔導師，成為遠近聞名的「知心姐姐」。

這天蘇倫照常來到學校，打開「心靈密碼箱」，這裡是那些向蘇倫求助的大學生們投放信件的地方。剛剛打開信箱，一個精美的信封吸引了蘇倫的注意，不僅信封精美而且字也寫得非常好看，從字體上來看，蘇倫彷彿看到了一張清純、精緻而稚嫩的臉。她心想，這樣的人不應該有煩惱啊？會有什麼事情需要我幫助呢？

蘇倫迫不及待的拆開信，寫這封信的是一名大三的學生，然而讓蘇倫想不到的是這麼漂亮的字是出自一個男孩子之手。這個男孩子自稱阿宇，是本校電腦系三年級的學生，他說他最近心裡很亂，不知如何是好，希望知心姐姐能夠幫助他分析一下自己現在的心理問題，並告訴自己應該怎麼辦。

阿宇是電腦應用系的，但是他從一開始就不喜歡這個系，所以從大一開始就沒好好上課，學業成績一直都不好，現在馬上要畢業了，面臨著就業，他非常擔心自己找不到好的工作，想想父母這麼多年辛辛苦苦供自己念書也很不容易，心裡就不是滋味了。而且令阿宇更加鬱悶的是，在大學期間自己的感情生活一直不順利。學校裡不乏阿宇喜歡的女生，他也主動追求過幾個，但是都是無功而返，一個都沒成，這讓阿宇很受打擊，同寢室的同學也都認為阿宇是個心地善良，而且還算帥的男生，可是怎麼就沒有女生看上他呢？難道他一直都是自我感覺良好？這樣的想法一直困擾著他。

阿宇在信裡還寫道：「我現在都快崩潰了，每天不去上課，也不做其他的事情，只是在寢室裡無所事事，知心姐姐，趕快幫幫我吧！」

蘇倫看完了信，望著窗外很久，像是突然想到了什麼，拿出紙和筆，給阿宇寫了回信，信的開頭赫然兩個大字「浮躁」，蘇倫寫道：「阿宇，我很瞭解你現在的狀態，是浮躁讓你變成了這樣，你現在心神不寧，對自己的前途擔心，對自己的感情沒有自信，這都是浮躁的表現……」蘇倫將寫完的信寄了出去，不久阿宇又來信了，這次寫信的口吻完全不一樣了，讓看到信的蘇倫都感覺到了他心裡的愉快，他生活裡的陽光。

簡單解釋，浮躁就是輕浮、急躁，沒有根，沒有恆心，做事總想速成，以最小的代價換取超常的價值。造成這種不穩定的心態，有很多種原因。從大體來看，現代社會競

爭激烈，講求速度、效率，人們遇到的壓力前所未有。在這種壓力之下，大家通常的選擇就是在最短的時間內，經由最簡單的辦法達到目的，這已是社會的通病，並非哪個人所能改變，往小的地方來看，每個人能力、際遇不同，社會自然不可能絕對平等，但總有些人喜歡和別人攀比，對自己狀態的不滿導致心理急躁甚至失衡。這些都是造成浮躁心態的原因。

浮躁通常體現在目標不明確、缺乏毅力及異想天開幾種形式，它既是一種心理狀態，更是一種生活態度。中國人講究含蓄、沉穩、堅韌。《論語》有云：「欲速則不達，見小利則大事不成。」就是要人在生活中注意戒驕戒躁。想要成其大事，必然需要志存高遠、腳踏實地，倘若心中不定，腳下不穩，又怎能走得長遠？

想要克服浮躁，達到「寧靜以致遠」的境界，提高個人修養，學會冷靜思考，固然是非常重要的，但最需要培養的，就是一個人的務實精神。只有務實，才能腳踏實地，認真分析自己、他人和環境，才能學會思考自己真正的目標及途徑，才能沿著既定目標堅持不懈地走到終點。此外，如果你真的覺得心中浮躁，心神不寧，不妨找個知己，敞開心扉，深談一番，你會發現，自己的心情會好很多。

## 心理急診室

回答下面問題，測試你是否有浮躁心理，每題只需要回答「是」或「否」即可。

1、做事沒有恆心，經常見異思遷。

2、經常心神不寧和焦躁不安。

3、總想投機取巧，成天無所事事，脾氣大。

4、經常頭腦發熱，有盲從心理，比如熱衷炒股票、期貨和房地產等。

5、好高騖遠，不切實際，經常跳槽換工作。

6、遇到事情容易著急，不能控制感情。

7、戀愛時經常見異思遷，把戀愛當成好玩的遊戲，尋找異樣的刺激，打發自己的空虛和無聊。

8、求職中往往想著大城市、大企業，嚮往高收入、高地位，不能正確評估自己的份量，結果處處碰壁。

9、總是渴望和力求結識比自己優越的人，而對不如自己的人則愛理不理，希望從交往對象那裡獲得好處。

**診斷結果：**

如果你在上述九個問題中至少有六個問題回答「是」，那麼你存在明顯的浮躁心理。

# 石油大王的失誤——焦慮

宋先生是某石油公司的老闆，他是個十足的「石油通」，對石油行業的瞭解也幫助他在這幾年賺了不少錢，大家都稱他是「石油宋先生」。宋先生不僅對石油精通，他對企業管理也知之甚詳，他把自己的公司管理得井井有條，並且公司裡無論是高層管理還是打掃清潔的阿姨，都說宋先生是個好老闆，平時總是樂呵呵的，一點架子都沒有。然而，就是一位不速之客，讓宋先生愁容滿面還差點賠上自己的事業。

這天是個星期五，宋先生照常在自己的辦公室裡忙著處理各部門的文件，就在這時辦公桌上的電話響了，宋先生接起來，電話那頭是自己的祕書小美，小美說：「宋總，外面有個人想見您，說有重要的事情找您談，如果您不見他，您會後悔的。」宋先生一聽，心裡嘀咕著，我今天沒有約人呀！這來的是什麼人呢？而且口氣還這麼大。這人的話倒是勾起了宋先生的好奇心，宋先生不慌不忙地說：「那好吧！小美，妳讓那個人進來吧！」接著宋先生看到一個四十歲上下的中年男人走進來，這人身材高瘦，還帶著墨鏡，充滿了神祕感。宋先生很客氣地說：「先生，請坐。」那人不慌不忙坐下來，宋先生給他倒了一杯茶，便詢問起來：「先生，我們好像不認識吧？不知先生有何能讓宋某後悔的事情要和我談呢？」那中年男子靠在椅背上，透過墨鏡看著宋先生，終於開口說道：「宋總，我是誰您不必關心，但是我知道的事情，您肯定很關心。」宋先生很不解地看著那人，那人沒有停頓，繼續說道：「我知道宋總是個聰明人，在石油界也是有頭有臉的人，但是您不知道吧！您公司的運輸員，可都背著您，將客戶的石油私扣下來了，並且偷偷賣給別人，賺了不少錢呀！」宋先生聽到這裡，身體微微一顫，臉色變得有些難看，但還是很鎮定地說：「先生，您說的事情可事關重大，這樣的玩笑不能隨便開呀！」中年男子好像早就料到宋先生的反應一樣，嘴角微微有些笑意說：「我知道宋總肯定不會相信我所說的話，但是我說的話的確是真的，我這裡有貴公司運輸員私扣石油的證據，如果宋總是個聰明人，可以花錢了事。」宋先生一聽就明白了，原來這人是來威脅自己的，宋先生在商場打拼這麼多年，也不是膽小的人，笑道：「這位先生真會說笑，無憑無據我宋某憑什麼相信先生說的這幾句話呢？」中年男子聽了宋先生的話，沒有辯解，而是從上衣的口袋裡拿出了幾張照片遞給宋先生，宋先生接過照片，看後臉色變得煞是難看，中年男子見自己的證據有了作用，便打鐵趁熱地說道：「宋總看到這些總該相信了吧！我是個痛快人，宋總如果願意做這次買賣，那麼下週一前請將五十萬匯到這個帳戶，如果宋總覺得貴也無所謂，那我只能將這些證據送給法院了。」說完這些，中年男子不等宋先生有反應便起身走出了辦公室。

宋先生看著手裡的照片可是一句話也說不出來了，他從來不知道自己的員工會做這樣的事情，若不給那個人錢，萬一他把證據交給了法院，根據相關法律規定，公司對員工的行為是應該負責的，到那個時候，自己的公司能不能開下去可就難說了，想到這裡宋先生算是沒有辦法了，難道真的就要給那個人錢嗎？給了之後就真的沒事了嗎？他還會不會來威脅我第二次呢？宋先生的腦袋飛速地想著各種可能，他自己也在辦公室裡走來走去，像極了熱鍋上的螞蟻，這回可把宋先生難倒了，怎

麼辦？怎麼辦？

宋先生為了這事連續幾天幾夜沒睡覺，終於病倒了，醫生診斷是因為過度焦慮導致睡眠不正常，引發了高血壓。宋先生躺在醫院裡仍然無法釋懷，醫生的一句話讓宋先生茅塞頓開，就像醫生說的：「什麼能比生命更重要呢？」宋先生終於想通了，大不了公司倒閉了，重頭再來，宋先生的血壓終於慢慢恢復了，冷靜下來的宋先生想到了用法律保護自己，他找了律師，在律師的幫助下，事情圓滿解決，宋先生還是那個「石油宋先生」。

宋先生的這種心理是典型的過度焦慮心理，從心理學角度來講，適度的焦慮是有好處的，可以提醒人們時時刻刻警惕，不可以鬆懈，促使人們進步，甚至能挖掘人們的潛能。然而焦慮過度就會影響人們處理危機的效率，甚至會造成身心的不健康。過度焦慮的人會表現為坐立不安，走來走去，而且容易情緒不穩定，覺得沒有安全感。對付焦慮情緒最好的辦法，就應該像宋先生一樣，不要執著於某種結果，應該多寬待自己，想想事情積極的一面。

## 心理急診室

你自己是否真的存在焦慮傾向呢？不妨心理急診一下。

1、你是否感到比以前更加神經過敏和焦慮？

A、偶爾會。

B、有時會。

C、經常會。

D、幾乎總是會。

2、你是否會平白無故感到擔心？

A、偶爾會。

B、有時會。

C、經常會。

D、幾乎總是會。

3、你是否很容易感到恐慌或煩躁？

A、偶爾會。

B、有時會。

C、經常會。

D、幾乎總是會。

4、你是否感到身體像被撕裂，支離破碎？

A、偶爾會。

B、有時會。

C、經常會。

D、幾乎總是會。

5、你是否感到心跳過快？
A、偶爾會。
B、有時會。
C、經常會。
D、幾乎總是會。

6、你是否覺得四肢經常抖動？
A、偶爾會。
B、有時會。
C、經常會。
D、幾乎總是會。

7、你是否因為頭部、頸部和背部的疼痛而煩惱？
A、偶爾會。
B、有時會。
C、經常會。
D、幾乎總是會。

8、你是否感到虛弱無力而且容易疲勞？
A、偶爾會。
B、有時會。
C、經常會。
D、幾乎總是會。

9、你是否很難入眠，晚上睡不好？
A、偶爾會。
B、有時會。
C、經常會。
D、幾乎總是會。

10、你是否會經常作噩夢？
A、偶爾會。
B、有時會。
C、經常會。
D、幾乎總是會。

**診斷結果：**

A、1分，B、2分，C、3分，D、4分，把各題的得分相加得出基準分，將基準分乘以1.25，然後四捨五入取整數，得出標準分，標準分臨界值為二十五分，分數越高，你的焦慮傾向越明顯。

## 驕傲的頭顱總會低下——驕傲

阿武是公司的技術主管，在這家遊戲軟體公司中，身為技術部門負責人，其地位明顯高出其他人一截。別看阿武身材瘦小，貌不驚人，可是他的確在電腦程式方面很有天賦，上大學時就專心鑽研電腦程式，大學畢業後又一邊上班一邊報了專門的培訓班學習，兩年下來，其業務能力在圈內已經是小有名氣。現在這家公司的老闆愛惜人才，於是花高薪將他挖角過來。

阿武還真的沒讓老闆失望，幾個專案做下來，雖不是完美無缺，但也已經頗為順利，老闆常常為自己當初的英明決定而得意。只是最近，老闆發現自己高興得好像有點早了。前期公司只顧開拓業務，重視專案進度，管理上也就睜隻眼、閉隻眼，過得去就行，但現在公司已經漸漸上了軌道，需要大家遵循規章，注重流程，才能使整個公司運作良好。而在這方面最讓老闆費心的，就是阿武了。

原來阿武自從技術水準有了長足進步之後，就漸漸變得驕傲起來，尤其是在公司前期專案運作良好的情況下，他更是認為自己才是這個團隊的核心，其他人都只是自己身邊的配角而已。於是，他漸漸變得放縱起來，每日我行我素，對同事愛理不理，不遵守公司規定，遲到早退不說，上班時間還經常玩遊戲，公司業務也被延誤了。剛開始其他員工對他的行為還能忍讓一二，到後來很多人都看不慣，紛紛向老闆反應。尤其是有一回，公司一款新遊戲開發正到了關鍵環節，一大早策劃組、美工組和技術組很多同事等著開會協商解決最近遇到的一些問題，可是就是因為他遲到，大家乾坐了一個小時，沒有任何進展，最後，其他部門的主管實在不能忍受，直接把老闆找來評理，誰知姍姍來遲的他非但沒有一絲慚愧，還振振有詞：「我不就是多睡了一會兒嗎？看看你們，沒有我什麼都做不成，還要等我。真不知道公司養你們是幹什麼吃的。」大家一片譁然，老闆尷尬之餘只能先對大家好言勸走，再回來「警告」他注意自己的言行。雖然老闆心中也十分生氣，但卻拿他沒辦法，誰讓公司沒有更好的技術人員來頂替他的位置呢？

從此以後，不到萬不得已，公司其他同事都不再主動與阿武交談，大家將他孤立了起來。而阿武不但不反思自己的言行，反而認為全公司的人都在嫉妒自己，所以與其他同事的敵對情緒更加嚴重，如果不是老闆從中調解，早都發生激烈衝突了。為了整個公司的發展，老闆其實也一直在暗中留意，尋找能夠接替阿武的技術人才。終於皇天不負苦心人，在朋友的幫助下找到了一個比阿武更年輕，能力更強，也更謙虛的技術主管。看著新任命的技術主管與大家熱情握手的情景，阿武深受打擊，不得不低下平日總是高高昂起的頭，收起電腦，默默離開了公司。

優秀是人驕傲的基礎，每個人都有自己的長處，當你發現了這個長處，並得出其他人在這方面不如你的時候，你可能就會驕傲。驕傲會讓你打從心裡看不起別人，在與人交往中不能保持平等的心態，而是居高臨下。看起來自己顯得很威風、很強勢，但實際上這種行為正是無知的表現，正所謂「天外有天，人上有人」，你無法永遠保證自己就是最好的。驕傲會使你停止向前的腳步，脫離周圍的環境，有時候更會使你四面樹敵，就像故事中的阿武一樣。

想要完全克服驕傲的心理是很困難的，但是至少我們要有一個心理準備，來預防自己變得越來越驕傲。一個人想要避免變得驕傲，首先要對自己、對世界有一個清醒的認識。就算你有某些能力十分突出，但是你可曾想過，你真的在每一方面都強過他人嗎？上天是公平的，當你看到自己身上種種優勢的同時，更需要看到自己的不足，對照他人，你才會發現，原來我們不過都是這茫茫世界中的一個平凡人而已。這叫做自省，懂得自省便是掌握了一種進步的力量。其次就是要提升自己的境界，平和自己的心態。當你對名利之類的東西看得淡薄了，你的驕傲之心就會漸漸收起，你的胸襟越開闊，你對他人就會越尊重。古語有云：「不以物喜，不以己悲。」說的就是這種境界。

## 心理急診室

1、你什麼時候會感覺最好？

A、早晨。

B、下午及傍晚。

C、夜裡。

2、你走路時的習慣是？

A、大步的快走。

B、小步的快走。

C、不快，仰著頭面對著世界。

D、不快，低著頭。

E、很慢。

3、和別人說話時，你的習慣動作是？

A、手臂交疊的站著。

B、雙手緊握著。

C、一隻手或兩手放在臀部。
D、碰觸或推著與你說話的人。
E、玩著你的耳朵、摸著你的下巴，或用手整理頭髮。

4、坐著休息時，你的習慣動作是？
A、兩膝蓋併攏。
B、兩腿交叉。
C、兩腿伸直。
D、一腿盤在身下。

5、碰到你覺得很好笑的事情，你會如何？
A、一個欣賞的大笑。
B、笑著，但不大聲。
C、輕聲的咯咯地笑。
D、羞怯的微笑。

6、當你去參加一個派對，你會如何表現？
A、很大聲地入場以引起注意。
B、安靜地入場，找你認識的人。
C、非常安靜地入場，盡量保持不被注意。

7、有人打斷在專心工作的你，你會如何？
A、歡迎他。
B、感到非常惱怒。
C、在以上兩極端之間。

8、你最喜歡下列哪一顏色？
A、紅或橘色。
B、黑色。
C、黃或淺藍色。
D、綠色。
E、深藍或紫色。
F、白色。
G、棕或灰色。

9、你臨入睡的前幾分鐘的姿勢通常是？

A、仰躺，伸直。

B、俯躺，伸直。

C、側躺，微捲身子。

D、頭睡在一手臂上。

E、被子蓋過頭。

10、你經常作夢夢到你在幹什麼？

A、落下。

B、打架或掙扎。

C、找東西或人。

D、飛或飄浮。

E、你平常不作夢。

F、你的夢都是愉快的。

## 評分說明：

第1題：A＝2　B＝4　C＝6

第2題：A＝6　B＝4　C＝7　D＝2　E＝1

第3題：A＝4　B＝2　C＝5　D＝7　E＝6

第4題：A＝4　B＝6　C＝2　D＝1

第5題：A＝6　B＝4　C＝3　D＝5

第6題：A＝6　B＝4　C＝2

第7題：A＝6　B＝2　C＝4

第8題：A＝6 B＝7 C＝5 D＝4 E＝3 F＝2 G＝1

第9題：A＝7 B＝6 C＝4 D＝2 E＝1

第10題：A＝4 B＝2 C＝3 D＝5 E＝6 F＝1

**診斷結果：**

25分以下：你不是一個驕傲的人。你缺乏自信，甚至有些神經質。做任何事情都十分謹慎、小心。你從來不做沒有準備的事情。

26～50分：你的情況比較正常，但是你個性很衝動，喜歡冒險，尋求各種刺激，所以願意嘗試冒險，想找尋自我的人願意和你在一起。

50分以上：你是個非常驕傲的人，在大家的眼裡，你總是以自我為中心，是個支配慾和統治慾都非常強的人，你在短時間內能夠得到別人的信任，但是長時間下來大家都會漸漸的不相信你。

# 孤獨的人是可恥的——孤獨

卓太太怎麼也想不到，年近六十，她竟然再一次體會到孤獨的滋味。上一次如此難受，已經是三十年前了，屢次失戀讓她甚至想到過放棄人生。好在後來她遇到了真正的情人，一個能包容她的男人。可是很不幸，三年前，當孩子們都已漸漸長大，剛剛有機會享受天倫之樂的時候，他的丈夫遭遇車禍，離開了人世。

老年喪偶，卓太太的命運有些悲劇，但她也並不是一無所有了，她的退休金足夠維持生活中的各種開銷，甚至老伴因車禍離開後獲得的賠償金，讓她成為不少人羨慕的對象。此外，她還有一對子女，大兒子還有一個女兒，兩家人對老太太都非常孝順，將她視為「老太后」。然而，這些都不能帶給她絲毫安慰，她始終活在自己的世界中，無法回到現實，而將自己從頭到腳包裹起來、與世隔絕的元凶，就是孤獨。

在丈夫離開的半個月內，沉浸在巨大悲痛中的卓太太只是傷心、難過，以淚洗面。但是時間一長，胸中悲痛稍減之後，卓太太就有些迷茫了：我才五十多歲，我以後的日子該怎麼過呢？想起往日與丈夫的種種恩愛，而以後只剩自己獨立面對一切，她甚至有些恐懼。苦思無果之後，她打電話給了自己的好友：「我該如何入眠，我該去向何方，孤獨的日子，我該如何度過？」朋友對她的遭遇非常同情，於是好言相勸，希望她早日走出傷悲。放下電話，卓太太心中對孤獨的恐懼絲毫未減，輾轉反側之下，她失眠了。

從那時候起，卓太太的生活變得一片灰暗。她對「人」的渴望讓所有人難以接受。她開始三天兩頭給朋友們打電話，剛開始大家還可以耐心對她勸慰，但後來，對於她的碎碎唸，朋友們都無法忍受了，大家紛紛以各種藉口掛斷了她的電話，甚至還有兩位好友因為不堪其擾，乾脆換了電話號碼。看到朋友們對自己避之不及，卓太太更加難過，而且敏感的她愈發感覺到自己的孤獨。

夜幕降臨，她常常將自己關在屋子裡，裹著厚厚的被子，望著天花板發呆，不知是在回憶往日的美好，還是在感嘆如今的悲寂。對身邊最親近的人——兒子女兒的關心，她不但不放在心上，還常常藉故發脾氣，將來看望她的孩子們都趕走。她對此的解釋是：「孩子們都已經大了，有自己的事業、生活，不能整天圍著我這個老太婆轉。」所以儘管兒子幾次想將她接回家中照顧，她都堅決不同意，到最後兩人越說越僵，起了爭執，兒子一怒之下攜孫女離開，再也沒有回來過。女兒由於工作緣故，來看她的時間也很少。她終於成了真正的孤家寡人。

於是，她抓住一切可能的機會向他人哭訴，說自己如何孤獨，如何痛苦。雖然她說的都是真的，但是沒有多少人再同情她，甚至看她的目光都由當初的憐憫變成了現在的嫌棄、厭惡。有人向她建議，即使失去了老公，但她還擁有許多，完全可以放下過去，開始新的生活。實在不行，去養老院與其他老人住在一起，多結交一些新朋友，放下過去的重負，她一樣可以過得很開心。可惜如今的卓太太，已經很難聽得進去這些話了，於是人們只能看到夕陽下，社區的花園旁，常常有一個老人，拖著孤獨的背影，向家中走去。

「孤獨的人是可恥的！」雖然這句話有點不近人情，甚至是有些落井下石，但還是有其道理，並不是無稽之談。簡單地說，如果不是你自我隔絕，拋棄了世界，這世界又怎麼會拋棄你呢？孤獨是人類的本性之一，幾乎每個人都曾有過孤獨的感覺，但並不是每個人都會將這種感覺無限放大，讓自己無法解脫。

造成孤獨的心態主要有以下幾種原因：一是自傲，當你瞧不起其他人時，你自然無法與大家平等相處，很自然的，你已經將自己從周圍的人中孤立了出來；二是自卑，與自傲的心態相反，但道理近似，同樣會使自己遠離正常的人際關係，卓太太的遭遇就與此有一定關係；三是妄想，這類人總是活在自己心中的「完美世界」裡，憤世嫉俗，不解世事，因而很難與人共融。

想要擺脫孤獨，戰勝自傲和自卑是不可避免的，甚至有時候，為了與人溝通，也要適當放棄「自我」。此外，保持與他人的交流，並從中汲取有益的意見和建議，才能克服內心脆弱。

## 心理急診室

由你來負責新家的裝修工作，那麼你會選擇以下哪種壁紙來裝飾臥室呢？

A、直條紋的壁紙。

B、小碎花的壁紙。

C、幾何圖案的壁紙。

D、單色的壁紙。

**診斷結果：**

**答案A：**你是個喜歡簡單的人，覺得生活中有幾個朋友就夠了，不必太多。你總是把自己的生活和別人的生活劃分得很清楚，因此也會偶爾有孤獨感，但整體來說你不是一個孤單的人。

**答案B：**你很害怕寂寞，因此很珍惜家人與朋友，比起孤獨感，你更願意選擇與家人和朋友產生摩擦，但是周圍環境越熱鬧，卻讓你的孤獨感更加強烈，這致使你對孤單越來越招架不住。

**答案C：**你是個品味孤獨的人，你向來都是我行我素，獨來獨往，在別人看來你應該很孤獨，但是在你的內心深處卻不是這麼認為，你很享受這樣的生活。

**答案D：**你希望得到眾人的圍繞，你厭惡孤單，你還有些小小愛慕虛榮，你渴望有人聽你說話，你更渴望成為人群中的焦點，因此你常常使用一些小伎倆，刻意將自己孤立起來就是你常用的小伎倆。

# 色情網站的高級管理者——空虛

二○○○年，在中國專項整治的活動中，一個名叫「九九情色論壇」的網站被公安部門搗毀，在短短時間內，其點擊量已經超過四億次，會員也超過三十萬，其中有不少都是學生。當網站主要經營者被員警逮捕時，執法人員都不敢相信，因為這家網站的眾多高層管理者都是白領、經理之類的社會精英，而他們經營網站的最大原因只有一個——空虛。

「九九情色論壇」開辦之初，由於大老闆和網站伺服器都在美國，所以急需在國內尋找管理者，就在此時，一位網名叫「芸」的女網友走進了他們的名單內。芸自從註冊成為了網站用戶，就整天在線上，經常在論壇發言，非常活躍，很快就被提升為版主。成為版主後，芸更加「積極敬業」，表面上看，她在和眾多普通網友交流時，溫柔淑女，矜持婉約，與一般女白領無二，但是一旦遇到網站內熟悉的高級會員，她便放浪形骸，無所顧忌，言語挑逗不說，還經常與他們視訊聊天，過程中脫衣跳舞，搔首弄姿，極盡挑逗之能事。此外，她還將眾多自己的裸照和聊天視訊發布到網站上，用來提高網站人氣。後來，她更是以一篇用心研究後撰寫的「色情網路施政綱領」，贏得美國老闆青睞，被直接提升為「校長」——網站在國內的最高管理者。

當辦案人員面對這個眉清目秀的女白領，問她究竟為何會沉迷此道時，她的答案就是：「空虛嘛！」不顧辦案人員滿臉驚訝，她繼續道：「我一個人待在家裡，衣食無憂，又沒有什麼好做的事情。閒得久了，我發現與人聊天感覺很好。尤其是與那些陌生男人熱情聊天，讓我覺得很刺激。而在論壇上取得的成功，更讓我覺得找到了自己的價值所在，我不在乎將自己的裸照和視訊發給別人看，反而關注的人越多，越說明我的成功！」一口氣說出心裡話，芸長長出了口氣，慢慢萎頓下去，生命的光華也在辦案人員的眼中漸漸黯淡。

不只是芸，另一名網站高級管理者史某也是由於精神空虛才走上這條道路。史某是一家大公司的中層管理人員，明星大學畢業，收入頗豐，一路走下來十分順利，缺少了精神追求，就在網站上投入大量精力。他利用自己的技術特長為網站服務，很快成了站裡的管理者，他發現在虛擬世界中臣服於自己管制的人，要遠多於現實社會，這種體驗是以前從未有過的，就更加專注於經營和建設這個國內最大的色情網站，只是他從未意識到，自己的行為已經觸犯了法律的底線。不管是他還是芸，等待他們的都將是法律的嚴懲。

空虛是一種不良的心理特徵，對自己過分高估或者低估都會導致空虛心理的產生。不論是生活優越導致沒有追求，還是飽受挫折放棄人生，都會為空虛心理提供滋長的沃土。內心意志薄弱，易受環境左右的人容易產生空虛心

理，他們覺得自己已經陷入某種圈子而不能跳出，無法控制自己的方向，於是放棄努力，但又心有不安，需要尋找別的方式來發洩心中的積鬱，而青少年正是這一類代表人群。

空虛心理具體表現在精神上沒有目標，沒有寄託，內心空白，無法填補。做人消極，不思進取，最後脫離正常社會，進而很可能走向犯罪。條件優越者如故事中的芸、史某，他們在現實社會中衣食無憂，不思進取，才會迷失自我，選擇在另一個虛擬世界實現自己的價值。也有人因為環境惡劣，不懂堅持，開始隨波逐流，混吃等死，菸、酒往往成了他們發洩心中鬱悶、填補空虛的最佳工具。

想要擺脫空虛，設定目標是最好的途徑。但是身陷其中，常人往往無法判斷自己該向哪裡前進。因此，多讀書學習，常努力工作，藉助知識和能力的提高，幫自己更好的看清周圍環境和自身條件，才可能做出正確判斷。除了自己，外界往往也會給你正確的指導，這就要靠個人觀察，要善於發現，藉由那些積極因素讓自己確立正確方向。如果短期內真的無法找到適合自己的有效目標，經由積極的業餘活動（體能運動或藝術活動）來排解心中煩悶，陶冶情操，擺脫空虛心態，也是切實可行的辦法。

## 心理急診室

回答下面問題，以測試你到底是不是空虛。每道題的答案均是「是」或「否」。

1、不大和友人來往。
2、沒什麼特殊的愛好。
3、不太喜歡公司（學校）的上司（老師）和同事（同學）。
4、經常與其他家庭成員發生口角。
5、吃飯時不感到愉悅。
6、對工作（學習）感覺很痛苦。
7、常常一有錢便購買想要的東西。
8、對將來並不怎麼樂觀。
9、無論做什麼都不值得高興。
10、不大希望受到別人的重視。
11、經常埋怨公司（學校）離家太遠。
12、雖然生活不錯，卻不大快活。
13、常常因零用錢少而感到不滿。
14、常常想改變目前的工作單位（學校）。

15、認為各方面有很多不如意的地方。

說明：回答「否」計1分，回答「是」計0分。

## 診斷結果：

積分0～2、3～5、6～9、10～13、14～15分，則空虛度為高、較高、一般、較低、低。

6～9分以下，比較空虛，生活的充實度不夠。會對生活和工作有些不滿，感覺不到生活的樂趣。如果答題態度坦誠，表示這類人具有改變生活、工作現狀的願望。有改變的願望，但是更需要認真分析不滿的原因，積極的想辦法解決。

6～9分以上，這類人精神上很充實，對現有的生活和工作狀態很滿意，生活態度樂觀，充滿熱情。但如果答題時不夠誠實，則說明對生活、工作中的種種不滿被隱瞞了起來，也許這種人沒有改變這種現狀的願望，因此很難自我改善。

# 風水大師讓他粉身碎骨──迷信

孟凡是一家貿易公司老闆，前幾年因為大環境好，他自己也用心，外貿生意漸漸做大，資產也迅速累積。有了錢，孟凡並沒有迷失自我，而是繼續專注事業，努力賺錢。但是天有不測風雲，金融危機不期而至，全球貿易蕭條，尤其是國內出口貿易，一下子變得舉步維艱。也許是打擊太突然，孟凡一下子無法接受。他沒有從公司業務著手，想辦法開源節流，扭轉困境，而是將目光投向了「神佛」，他的命運也就此徹底改變了。

他先是去臥佛寺上香許願，煙霧繚繞中滿心誠懇捐了一萬元，還在慈眉善目的老和尚那裡求了一支上上籤，本以為自己會時來運轉，誰知過了兩個月，公司業務沒有絲毫起色，他只有另想辦法。

沒幾天，他又請來一位風水大師，這位大師一進門就開始東指西指，這裡不好，那裡不對，將公司原來的裝飾擺設說得一無是處，孟凡跟在旁邊還不住點頭。之後，大師就指揮公司行政人員開始對辦公室裡的桌椅板凳、花鳥魚蟲重新佈置。什麼五行八卦、易理乾坤，說得頭頭是道，偶爾還掐指算算，或者是拿出布袋中那個發黃的羅盤調整一下方位。這一整天，公司員工什麼都沒做，就忙著搬家了。大家有苦難言，記恨這位風水大師的同時，也不免在心中對老闆埋怨幾句。沒過幾天，公司還真接了一筆訂單，雖然不大，但也算是有業務了。這下子，孟凡更是對這位大師言聽計從。

根據大師指點，他每天都穿不同顏色的衣服，在辦公室桌上擺不同的花，甚至連每天幾點到公司

都很有講究。甚至有一次，一家客戶店面開業，請他去捧場，但是由於大師告訴他，那天不宜出門，他就臨時推掉了對方的邀請，只是送花籃表示祝賀。看著老闆每天瘋瘋癲癲，快要走火入魔的樣子，公司員工也都沒了信心，整個公司變得人心渙散。

對大師的言聽計從並未給他帶來什麼好運，公司業務繼續滑向谷底。而此時的孟凡不但沒有絲毫醒悟，反而在對方的蠱惑下，覺得自己其心不誠。為表誠心，他又咬牙花重金從大師那裡購來一尊佛像，供在公司前廳。弄得所有員工出入都要飽受煙火燻擾。終於，大家不願再陪他一起走向失敗，紛紛離開公司，另尋出路。

當自己的助理最終也選擇辭職走人後，公司已經債臺高築了。孟凡看著空蕩蕩的大廳，曾經門庭若市，如今卻毫無生氣，只有

那一尊佛像，依然樂呵呵坐在對面，享受著面前供奉的香火。此刻，他的眼中也已經充滿了悔恨的怒火，但他知道一切都晚了。這天下午，人們看到有人從大廈頂樓飛身跳下。在警方圈起的現場，除了一具冰涼的屍體，還有一尊摔得粉碎的佛像。

迷信是人類最原始的心理活動之一，早在上古時代，最早的人類限於自身所知，對自然世界充滿了敬畏。他們不知道電閃雷鳴來自哪裡，他們不明白火為什麼會發光發熱，他們將種種未知的神奇事物歸結為超越自己認知的強大力量，並對其盲目敬仰崇拜。這就是迷信的最初形式了。隨著人類文明進步，越來越多的疑問被科學解答，迷信的存在也就越來越少。

但不可否認，一方面，人類對自然世界的認知仍然有限，導致迷信活動仍然有存在的基礎；另一方面，人生難免遇到不如意之事，一旦事物發展超出人們自己的能力範圍，無助之下，當事人也就只能求助於那些靠不住的虛幻存在了。迷信的人往往不具備分辨是非的能力，並且堅定不移的按照理解，執行常人無法接受的行為。

要克服迷信思想，學習是最重要的途徑，開闊眼界，增加知識，才會讓你對那些所謂「神跡」的可笑本質輕鬆看透。另一方面，樂於接受他人意見，也是避免自己誤入迷局的好辦法。所謂「旁觀者清」，如果大家都對你執著堅持的事情不認可，並勸你別再繼續下去，你是不是也應該有所醒悟呢？

## 心理急診室

假設你是一個知名畫家，擅長素描。一天，你的面前來了一名女顧客，她有一個爆炸式的髮型，戴著眼鏡，胸前還掛著一串佛珠。仔細觀察你還發現，她的牙齒並不完整。如果你現在要為她畫一幅畫像，你會怎麼畫呢？

1、你畫的珠子很少，也比較小。

2、你畫的珠子不多，大小適中。

3、你畫的珠子很多，而且很大。

**診斷結果：**

這裡的佛珠項鍊暗示了你心中的迷信程度。

**選1：**說明你不信鬼神，不拜神佛，比起別人告訴你的超自然力量，你更相信自己。

**選2：**說明你心中多少會有一些迷信的想法，可能當你諸事不順的時候，就會想到藉助神明的力量來幫助自己。

**選3：**說明你是一個非常迷信的人。你的心中缺乏安全感，總希望經由外部力量來指引自己前進。

# 花季少女的怪異行為——潔癖

小婷的母親發現小婷近來行為有些奇怪，經常聽見小婷快步走進洗手間，嘩嘩地在洗著什麼，有時候一晚上要十幾次，可是偶爾走進去看，小婷只是在洗手，沒有別的異常。於是，母親開始注意起小婷的一舉一動，想看看究竟女兒出了什麼問題。

原本乖巧懂事的女兒變得有些消沉、怪異，除了經常洗手，女兒在家時總是把自己鎖在自己的小房間裡，不願出來。吃飯時總是拿衛生紙將自己的碗、筷擦了又擦，匆匆夾一點菜就帶回房間去吃了，去洗手間會在裡面整理半天，解完手也不繫褲帶，提著褲子就匆匆跑回房間。有時候，她藉故去小婷的房間，總看到女兒在不停地擦拭自己的房間，而不是在複習功課或放鬆休息。女兒肯定是出問題了，母親想著，但是怕自己的勸阻會帶來什麼不好的影響，於是她悄悄來到了醫院，找到了心理醫生。醫生聽完母親的說明，十分肯定地告訴她，小婷染上了潔癖，而且是挺嚴重的，需要帶她來接受心理治療。

第二天，小婷被母親帶到了醫院，在醫生的誘導下，說出了自己的苦惱。本來，小婷性格開朗，學業成績優異，老師和同學們都很喜歡她。但是幾個月前的一次郊遊，打破她平靜的生活。在郊外一處農田邊，小婷正在和其他同學喝水休息。突然，不知從哪兒竄出來一隻大狗，一下子撲到她懷裡，伸出舌頭在她手上舔來舔去，雖然那隻狗很快就被人牽走，也沒有咬她，但突如其來的驚嚇和

手上滑膩溼漉的感覺，讓她驚恐萬分，久久不能平靜。回家後，她反覆用洗手液、肥皂清洗自己的雙手，她將衣服放入洗衣機中，洗好晾乾後，又拿下來手洗了一遍。本想洗淨後擺脫驚嚇的影響，沒想到不但沒有見效，反而常常不自覺的感到自己的雙手、衣服甚至住處都非常髒，她常常作噩夢，夢到自己非常髒，夢到身邊到處都是細菌，即使從夢中驚醒，她仍然無法從那種感覺中擺脫，她只有靠反覆的清洗來維繫自己心中的那點平衡。

漸漸地，小婷變得孤僻、悲觀、厭食，不但學業成績一落千丈，身邊的好友也因為不能忍受她的怪異舉動而與她疏遠。而無法獲得幫助的她心中更加恐懼，她懷疑周圍的一切都髒得無法接受，會帶來致命的病菌。如果不是感覺到自己虛弱無力，恐怕她早已滴水不進了。

說完這一切，小婷眼中依舊充滿畏懼，彷彿在醫院這樣清潔的環境中，她也沒有一點安全感。而她的母親在一旁早已泣不成聲，她不確定自己的孩子是否還有希望，如果小婷真的無藥可救，她恐怕也不知道該如何度過這下半生了。

醫生先為小婷開了些輔助藥劑，然後告訴她每週固定時間來接受心理治療。透過系統脫敏療法，在母親和老師、同學的幫助下，小婷終於逐漸擺脫了潔癖的困擾，回復了昔日健康快樂的生活。

潔癖，說白了就是太愛乾淨，乾淨到一般人無法接受的程度。這種人自古有之，比如宋朝張知甫的《可書》中就有記載：「米元章有潔癖，屋宇器具，時一滌之。」更早的，元朝畫家倪雲林也是一位有名的潔癖患者。一般來說，潔癖屬於強迫行為的一種，有此種心理的人，總是懷疑自己和周圍的一切不夠「乾淨」，於是反覆清洗就成了他們最常做的事。

潔癖患者一般以女性居多，但也有男士患病。輕微患者只是比平常人更注意衛生，並且情節次數略多於常人，並無不妥之處。但嚴重者在家時必須一塵不染，出外時也須全副武裝，好像只有這樣才能保證自己的生命安全，渾不見周圍的人在所謂「骯髒」的環境中一樣生活得很好。

治療潔癖，除了輔以藥物治療，一般使用的方法有系統脫敏療法和認知療法兩大類。系統脫敏療法，主要就是透過對潔癖患者心理排斥事物逐一列出，然後從輕到重逐一解決，讓患者漸漸擺脫排斥心理，恢復正常。認知療法則包括認知領悟療法、厭惡療法、滿灌療法等，其中最後一種對潔癖患者較為有效。

## 心理急診室

你認為在各式各樣的包裝素材上，下列哪一樣最不可或缺的？

Ａ、緞帶花。

Ｂ、精緻盒子。

Ｃ、小卡片。

Ｄ、包裝繩與包裝紙。

## 診斷結果：

答案A：你比較重視表面能看到的地方是否整潔，不太追求其他小細節，只要大體上覺得很整齊、還算得體，就足夠了。你會選擇將其他的小物件盡量往衣櫥、抽屜或床底下亂塞。所以在剛與你認識的人眼裡，都會認為你外表看起來乾乾淨淨的，是個生活嚴謹的人。等到相處久了，朋友們才會發現，你的家還是帶有一些「人味」。你的潔癖指數是76％。

答案B：你想讓自己不管是在人前還是人後，都能表現出高雅的氣質。所以你的眼中容不下自己犯一點過錯，也容不下一點污漬，只要看到有地方髒了，你的心中就會覺得很不舒服，一定要立刻除去。從衣著打扮到辦公室，你都會注意，隨時隨地檢查有沒有髒亂，你是別人眼裡典型的潔癖大人。你的潔癖指數高達98％。

答案C：你喜歡輕鬆活潑的工作環境，那樣會讓你的創意源源不斷。因為你需要熱鬧的氣氛，所以你的周遭就會塞滿了東西，你會常常用這些小東西來刺激靈感。這也就造成了你的環境會稍微凌亂。可是在你眼裡每件東西都是有價值的，所以在你看來，每件東西放得都恰到好處。這種亂中有序的潔癖指數可得66％，算是常人標準了。

答案D：在審美方面你有自己的獨特看法，與別人很不一樣。你從不在乎別人是怎麼想的，主張只要自己過得舒服，什麼樣的環境就是合理的。你注重個人的生活品質，選購的東西注重品質，家中很少出現會破壞品味的「垃圾」，你的生活環境在別人看來很另類也很有個性，你的潔癖指數83％。

# 大明星痛別嬌妻愛女──酒癮

二〇〇八年二月，英國《每日郵報》上刊登了這樣一則消息：「前披頭四樂團成員保羅．麥卡尼與妻子希瑟．米爾斯協定分手，他將支付總計約一億美元的財產給對方，並放棄對女兒碧翠絲的監護權。」麥卡尼的身分及史無前例的高額財產分割，使得這樁離婚案在當時引起了全英國的關注，甚至不少國外記者也飛赴英倫，希望拿到更多幕後資料。

保羅．麥卡尼爵士，前披頭四樂團創建者之一，二十世紀最偉大的流行音樂人之一。與約翰．藍儂搭檔，成為史上最有影響力的搖滾演唱及創作組合。做為搖滾音樂的偉大標誌人物，他被授予大英帝國最高騎士勳章，更以超過七億英鎊的身價成為眾多人羨慕的對象。但是榮譽、金錢、熱愛慈善的心，甚至是那首被世人翻唱無數遍的〈Yesterday〉，都無法留住他的妻子和幼女，而這一切都是他自己一手造成的。

回想當初，年齡相差足有十六歲的兩人結婚時是何等甜蜜，然而，只過了四年，一切就都改變了。儘管米爾斯還深愛著對方，但她對於麥卡尼的行為已經無法繼續忍受，究其原因，只有一個，那就是──酗酒。

麥卡尼年輕時就嗜酒如命，但年輕的身體讓他有本錢去肆意揮霍自己的健康，然而當他漸漸老去，戒酒對他來說顯得尤其必要。為了丈夫的健康，年輕的米爾斯苦口婆心，勸阻他不要再喝酒。並且想盡了各種辦法。但麥卡尼已經酗酒成性，根本無法控制自己的行為。每日沉湎於杯中之物，

不但讓他的家庭與生活一團糟，更令他的身體每況愈下。在一次診斷中，麥卡尼被醫生告知，他的心臟病變得嚴重了，為了自己，他以後必須滴酒不沾。米爾斯得知消息後惶恐不安，勸說麥卡尼，希望他能去專業醫院接受酒癮戒除治療，為此，曾經遭遇車禍的她，甚至推掉了早已安排好的腿部康復手術。但出人意料的是，麥卡尼對此事竟毫不在意，不但對妻子的關懷置若罔聞，反而還在酒後對對方施以暴力，這件事最終只能不了了之。

在屢次爆發矛盾和衝突之後，看著孩子的父親真的無法擺脫酒癮，米爾斯終於忍無可忍，提出與對方分手。因為她不想眼睜睜看著丈夫自毀身體，更不想讓自己的孩子在一個「酒鬼」的家裡長大。於是，她選擇走上法庭，即使成為全英國的公敵也在所不惜。最後，兩人於二〇〇八年協議分手，經過了四年短暫婚姻和之後漫長的訴訟庭審，對麥卡尼來說，昨日已不可能再重現，嬌妻和愛女都將離他而去，陪伴他的也就只有越來越深的酒癮了。

酗酒，是人們對一個嗜酒如命且經常酩酊大醉的人的定義，殊不知，在心理學上，「酒精中毒」

則是對這一症狀的稱呼。在各個國家，都有愛喝酒的人存在。西方人喜歡喝水果酒和啤酒，俄羅斯人愛喝威士忌，中國人則更喜歡喝白酒。但不管喝什麼酒，喝醉後酒氣薰天、精神失控、打罵家人等場景都是一般人所厭惡的。

但確實有一些人，因為自身或者環境的原因，他們選擇了酒精，並沉湎其中。逃避也好，發洩也罷，當他們發現喝醉後的感覺竟如此神奇，便無法自拔。慢慢的，酒精麻痺了大腦、軀體，甚至心靈，酒精中毒日益見深，不僅使人的生理機能被破壞，更使人喪失了一個正常人應有的心態。焦慮、懷疑、暴怒，甚至妄想、自殺都會接踵而至，並揮之不去，意志薄弱者在清醒時即使看到其種種壞處，但一見到酒，就會將一切拋至一邊，不能自己。

戒除酒癮是一件很困難的事，因為酒精中毒者大多對自己和身邊的人不再信任，不願接受來自外界的勸阻和幫助。但是制止其繼續飲酒，調節他們的飲食及作息規律，並慢慢從心理上加以輔導幫助，還是必要的治療方法。

### 心理急診室

人們都說藉酒澆愁愁更愁，假如有一天你遇到了煩心事，回到家想獨自喝酒來緩解情緒，那麼在喝完一瓶酒後，你會怎麼樣？

A、再來一瓶。

B、引吭高歌。
C、孤寂無語。
D、憨憨大睡。

**診斷結果：**

**答案A：**你是個做事講究有備無患的人，你知道世事難料，所以要求自己要提前做好準備，當你吃虧受苦時，你照樣會保持有備無患的心理，等待機會東山再起。

**答案B：**見風轉舵是你的處事原則，在你的心裡總是覺得既然世間的事情都很難預料，這也算是一種挑戰，所以主張走一步算一步，順便鍛鍊一下自己的應變能力。

**答案C：**選擇走一步算一步是你的無奈之舉，你需要的是調整自己，不要抱著這種態度處理事情，你需要計畫好方向再行動。

**答案D：**你最怕遇到意料之外的失敗和挫折，每當發生你計畫之外的事情時，總是手足無措，雖然心裡不想選擇走一步算一步，但是也沒有其他的好辦法了。

# 從五塊錢到兩百萬——賭癮

澳門葡京大賭場的VIP包廂內，一場賭局已經進入最後關頭。賭桌這頭坐著一個中年男子，國字臉，深眼窩，大眼睛，高鼻樑，白面微鬚，再加上他的穿著，如果不是此刻他因為緊張而略顯凌亂的頭髮和專注中微有惶恐的眼神，你可能會對他有些好感，因為一眼就能看出他屬於那種真正的成功人士，高高在上卻又不失禮節。然而眼前，他早已失去往日運籌帷幄的氣度和智慧，因為這很可能是他今天最後一局牌了。在他對面，那個永遠面無表情的對手，是賭場的專業人員。屋子裡除了賭局中的兩人外，也就只有幾個賭場的工作人員。

中年男人伸出微微有些顫抖的手，拿起了桌上的牌，期盼的眼神中充滿慾望，這是他最後的機會了，他有些緊張，汗水順著鬢角流下也沒有注意，他的心中只有一個念頭：這兩百萬，無論如何也不能輸了！

中年男人姓李，是大陸南方某省一大型國有企業的副總。回想三年前，他剛剛上任的時候，春風得意，「李副總」這個稱呼讓他著實滿足了一陣子。大學畢業的他，年輕、有幹勁，理論知識又強，很快就得到上級主管部門的重用，平步青雲，身居要位。本來李某除了看書、鑽研業務外沒有什麼愛好，不像某些主管貪圖財色，鑽營權術。但一次企業的節日活動，改變了他人生的軌跡。在那次活動中，很多企業中層幹部在一起聯誼，工作之餘經由各種娛樂方式放鬆心情。做為主管代表，李副總被一群手下架到了牌桌上，雖然他直搖頭說自己不會玩，但還是禁不起眾人軟硬兼施，

就勉強答應玩一會兒。只是沒想到輸了後還要賠錢，一盤五元。雖說這點錢對他毫無影響，但他覺得輸錢是小，丟人是大，就堅持著玩了下去。慢慢的，他對牌桌上那種緊張刺激的感覺有些喜歡，更享受贏錢時勝利的瞬間，這和做主管時在下屬面前擺架子耍威風帶來的成就感，是完全不同的。直到活動結束，他還有些意猶未盡。

從那以後，李某便成了公司有名的「牌友」。只要有牌局，他是有約必至，而且在牌場上，十分隨和，所以手下的人也都願意和他一起玩。因為他是主管，大家不時故意輸給他幾局，既不會有太大經濟損失，也可以拉近和主管的關係。只可惜初涉「牌壇」的李某並不知情，只當自己天賦過人，運氣又好，是天生的牌場高手。

但是漸漸的，李某覺得這種玩法對自己已經失去了吸引力，因為時間一久，他的經驗也在不斷增加，收入頗豐的他發現同事間這一點點小小的彩頭，已經不能引起自己的興趣了，而且有時還能察覺出人家是在讓他。這樣一來，最初的刺激和成就感蕩然無存，他決定尋找更大的場面來一試身手。也是巧合，一位港商客戶在和他的交涉中得知他的愛好，在一個假期，將李某帶至澳門。一走入葡京賭場，李某就被裡面的場景震撼了，這可是從小就接受良好教育的他從來都不曾想過的。於是，帶著那位港商給他的籌碼，他一頭栽進了賭桌。

幾番搏殺下來，竟然略有盈餘，這對李某這種「菜鳥」來說，無疑是令人激動的。他甚至有一瞬間懷疑自己是不是就是電影中的那個「賭神」。人回到了公司，李某的心卻是再也收不回來了，拋下手頭的工作，他整日幻想著在賭場內的緊張刺激，決定再赴澳門。可是從那以後，李某的運氣就再也沒好過，半年之內，他輸光了自己的積蓄，還把公司一筆用來購買設備的專款也輸掉了。眼看就快到了財務核查的日子，為了補上之前的欠債，他又強令財務人員給他想辦法轉出一筆款項，本想一次將之前的都贏回來，誰知越輸越大，這把牌，已經壓上了他帶來的最後兩百萬。

結局可想而知，當李某身無分文走出賭場時，他似乎看到了，在不久的將來，他手戴鐐銬，鋃鐺入獄的背影。

小賭怡情，最開始參與賭博的人，大多是抱著這種態度的，他們未必真的就想在賭博的過程中贏到多少錢，但是那種參與的過程卻會令他們熱血沸騰，久久不能忘懷。其實至少有八成的成年人都有過賭博的經歷，但是並不是每個人都會上癮，只是其中的一小部分人，在「輸了想翻本，贏了還想贏」的簡單想法驅使下，越陷越深，渾然不知已經走上一條不歸路。

賭癮的形成分為三個階段：一開始是贏錢，由於種種原因，不會玩的人一上來多少總會有些收穫，這時候那種瞬間的刺激和成就感，就會對人的心理造成很大的衝擊，就像故事中的李某一樣，開始喜歡上賭博。二是輸錢，久賭無贏家，時間一長，輸錢欠債就成了正常現象，這時候就是想著在賭桌上如何能把錢贏回來。三是絕望，欠債難還，親友離散，種種打擊的刺激下，人已經失去了正常的心態，加上心中明白翻本無望，這時候往往會做出各種愚蠢的事來發洩壓抑在心中的絕望。

治療賭癮，克制力是必不可少的，至少要能控制自己遠離賭桌，最好能盡量不去想關於賭博的一切事宜。有可能的話，將自己賭博後的悔恨及賭癮發作時的衝動都記錄下來，清醒時拿出來看看，就知道自己曾經是多麼愚蠢。最後，還可以求助他人，只要你真心悔過，不論是親朋好友還是心理醫生，都一定會伸出他們的援手，拉你回頭。

## 心理急診室

你是否有染上賭癮的可能呢？請仔細閱讀以下問題，回答「是」或「否」。

1.你是否每次賭博所花的實際時間比計畫的時間長。
2.你是否常常輸到一分不剩才甘休。
3.你是否曾因為想賭博而出現失眠症狀。
4.你是否曾將薪水或積蓄用於賭博，而不是支付日常生活開銷。
5.你是否不只一次嘗試戒賭都未果。
6.你是否為了賭博曾使用來源並不合法的錢。
7.你是否因為賭博而向他人借過錢。
8.你是否因為賭博輸錢而產生憂鬱情緒或自殺傾向。
9.你是否曾為自己的賭博行為而深感後悔。
10.你是否曾因為缺錢而去賭博。

**診斷結果：**

以上問題中，如果有不只一個答案為「是」，那麼你可能患有賭博上癮綜合症，建議你去看醫生或顧問。

# 克服花錢的慾望——購物狂

小艾是一家設計公司的部門經理，平時工作很忙，收入不菲，並且去年才剛跟自己相戀多年的男友結婚，在別人眼中，小艾可謂是事業愛情雙豐收，十足令人羨慕。

由於平時工作忙，壓力大，小艾很少有時間像其他女孩子一樣約上兩、三個姐妹們去逛街消費。這讓天生愛美的小艾養成了一個習慣，就是只要有空閒時間，她的第一選擇就是去逛街，幾千元一條的褲子、上萬元一雙的鞋，甚至幾萬元的套裝，小艾統統買回家，從來不吝惜，每次逛街小艾少說也得花掉自己月薪的一大半。

起初，小艾的老公還覺得女人愛美，買衣服打扮自己很正常，也就沒多說什麼，可是小艾出手闊綽，瘋狂購物的行為越來越嚴重。雖然家裡的衣櫃已經塞得滿滿的，甚至有些衣服連價格標籤還沒有撕掉，小艾還是控制不住地往家裡買。小艾的老公從心裡覺得應該跟小艾好好談談了。

這天正好小艾休息，她又像往常一樣到商場掃貨去了，加班歸來的老公看到小艾不在家，就知道自己的老婆肯定又去逛街了。這眼看就到晚上十一點了，小艾還沒有回來，便打了電話催促她趕緊回家，小艾的老公覺得問題不能再拖下去了，就今晚，一定要跟小艾聊聊關於購物的問題。

沒過多久，小艾哼著歌，手裡大包小包拎了一堆回來了，剛進門就看到一臉凝重的老公坐在沙發上，小艾便問道：「老公，怎麼了，一臉嚴肅有什麼事情嗎？」老公見小艾像打了勝仗一樣，便

開門見山地說：「小艾，女人愛美不是問題，可是妳不覺得自己的購物行為已經有點病態了嗎？妳看家裡的衣櫃已經放不下衣服了，可是妳為何還要每次大包小包的買回來這麼多，而且好多衣服妳買了也不穿，這是為什麼？」小艾被老公這麼一問，頓時覺得像被看穿了心事一樣，慢慢坐在沙發上：「老公，其實我知道自己的行為有些反常，可是我就是控制不了，每次去逛街，大把大把的花錢我都覺得心裡很痛快，工作中的壓力、平時的煩惱都一掃而空，老公，其實我也不想這樣，但是我控制不住自己，你說怎麼辦呢？」小艾楚楚可憐地說著，老公見小艾也是發自內心的承認錯誤，並且很無助的樣子，便摟住她的肩膀說：「老婆，有病就要去看醫生，我們去看心理醫生好不好？」小艾見老公這樣理解自己便點頭答應了。

第二天，小艾和老公去看了心理醫生，經過簡單的交談，心理醫生很快地就知道了小艾的病症，小艾的這種行為叫「購物狂」，用購物來排除心理上的壓力，經過心理醫生和小艾以及小艾老公的積極配合，小艾終於擺脫了「購物狂」的困擾。

購物狂是心理疾病的一種，由於患者缺乏安全感，因此經由瘋狂的購物來安慰自己，這種短暫的快感一旦形成習慣，就成了「購物狂」。其實這類心理疾病患者的物質需求並非那麼強烈，而且往往瘋狂購物之後都會後悔，但每次發病又像吸食了大麻一樣不能控制自己。購物狂患者的心理素質往往比較脆弱，有了壓力就會緊張、焦慮，然而，每次購物後看到自己買回來很多自己不喜歡甚至是用不到的東西，心情就更加鬱悶，以致於惡性循環。

經由改變購物方式可以克制「購物狂」的發作，例如，以前購物都是刷卡消費，那麼現在改用現金，用真實的、實實在在看得見的數字來提醒自己。也可以在購物前計畫好，明確自己需要買的東西，不盲目的購物。最好的治療購物狂心理的方法就是，當自己感覺到心理空虛、壓制或無聊時，選擇運動或者其他事情來代替購物，這樣就能夠很快的戒掉「購物狂」的毛病了。

## 心理急診室

1、妳在什麼情況下會選購常穿的洋裝？

A、逛街時精挑細選，找到滿意的為止。

B、商店大減價時搶購一件差不多的。

C、度假時遇到合適的就會買。

2、妳的泳衣每年什麼時候買？

A、新品一上市就趕緊去。

B、商店大減價時再去。

C、有長假會用到才去買。

3、妳找到非常稱心的上衣，可是超出了妳的預算，妳會：

A、咬牙買了。
B、權衡之下，退而求其次，找一件預算內的代替。
C、不買了，下次再說。
4、妳看到一款新出的T恤，很喜歡，妳會：
A、不只買這款，還買別的。
B、各種顏色都買一件。
C、非常高興，立刻買下。
5、妳渴望的兩面穿外套，商場正在大特價，妳會：
A、立即搶購。
B、妳會先計算一下，為搭配這件外套妳要買的其他衣服還要多少錢。
C、因為發現別的衣服也挺好，決定再等等看。
6、妳沒有正式禮服，但是馬上要參與一個盛大的晚宴，怎麼辦？
A、立刻到百貨公司買一套奢華的禮服。
B、買一套普通的禮服，以後很多場合還可以穿。

C、跟朋友借一套，湊合一下。

計分方式如下，每道題的答案分別為：A：3分，B：2分，C：1分，累加得出自己的分數。

**診斷結果：**

6～9分屬於保守型的購物者。妳的自制力很強，常常精打細算，但偶爾可以考慮對自己放鬆一下。

10～14分屬於投資型的購買者。妳很理性，花錢也總是在計畫之內，不無的放矢，有時可以考慮釋放一下自己的個性。

15～18分屬於衝動型的購物者。妳是個標準的購物狂，想將自己喜歡的東西都買下來，需要有所節制。

## 饕餮大餐的背後隱藏著什麼——暴食症

李曉是某大學一年級的新生，剛剛邁進大學校園的她既興奮又緊張，興奮的是終於可以擺脫父母的管制，開始自由的大學生活，緊張的是覺得自己暴飲暴食的毛病沒有父母的管制開始變得更加嚴重了。她每天總是吃個不停，看到餐廳裡的什麼東西都想吃，包子、米飯、羊肉串統統吃遍。到了超市更是不能克制，麵包、香腸、冰淇淋……統統都買回去，直到覺得自己撐得快不行了，才能停止暴飲暴食。剛剛開學一個月，原本就偏胖的李曉，體重直線上升，少言寡語的她加上肥胖的外表，連同寢室的室友們都嫌棄她，不願意跟她在一起。

有一天晚自習後，李曉又從超市買了一堆東西拎回宿舍，準備大吃一頓後睡覺。當她踏進宿舍後，感覺到宿舍的氣氛有些不對，覺得大家都在假裝做事情。李曉心中疑惑卻也沒多問，徑直走到了自己的床前，眼前的景象讓她很吃驚，自己的床上、書架上都貼滿了寫著豬字的紙條，李曉一下子明白了，宿舍的人一直嫌棄她胖，嘲笑她，現在更是用這樣的行為來羞辱她，她很傷心，於是衝出了宿舍，跑到洗手間失聲痛哭。經過這次事情後，李曉下定決心要減肥，要停止暴飲暴食，可是一見到食物，她便無法控制自己，沒有朋友、肥胖、暴飲暴食讓李曉對生活失去了信心。

要說李曉暴飲暴食的毛病還是從小養成的。小的時候，李曉的父母工作都忙，所以就將她送到了外婆家，外婆跟舅舅一起住，舅舅家有個比她小一歲的妹妹張路，小姑娘從小就聰明伶俐惹人喜愛，並且張路長得很漂亮，更是惹人疼愛。無論是外婆、舅舅還是左鄰右舍，就連路過的人都誇獎張路漂亮。而一旁的李曉卻無人問津，這使得她從心理感覺到自卑，覺得自己樣樣都不如妹妹張路。然而更讓李曉覺得自卑的是，自己不僅沒有張路漂亮，更沒有張路個子高，別看張路比李曉小一歲，但是個子卻比李曉高出一截，所以李曉的衣服都是張路穿剩下的。就連父母每次來看望自己，都是帶新衣服給張路，不給自己買新衣服，這讓李曉自卑的心理更加嚴重，所以她就用吃來解決自己的煩惱，只要是嘴裡吃著東西，她的自卑心理就會減輕好多，感覺到快樂，所以每當親朋好友或者是父母來的時候，李曉就選擇在旁邊默默地吃東西。漸漸地李曉越來越胖、話也越來越少，成了真正少言寡語的胖姑娘。

在心理學上，李曉這種暴飲暴食的行為叫做嗜吃症，這是一種常見的心理疾病，患病者大多是因為壓力大或心理覺得痛苦，選擇吃東西來緩解自己的壓力和痛苦，進而得到短暫的快樂，卻使得自己的身體越來越胖，影響了自己的正常生活和社交活動，遭到別人的歧視，帶來更大的心理壓力，就更加依賴食物，形成惡性循環。在現今社會，女

性群體容易患上嗜吃症，這是因為女性的生活習慣和身體機能造成的。

想要抑制暴飲暴食的習慣，首先要從心理上引導自己，給自己心理暗示，這是一種不好的生活習慣要改掉。其次就是找相信的朋友，將自己的苦惱訴說出來，經由訴說的方式減輕自己的痛苦，減少對食物的依賴。還可以經由運動抑制食慾，不良的飲食習慣，很多是身體機能不健康造成的，經由運動可以調節身體機能，而且還可以使人心情舒暢，讓人變得開朗，尤其是對飲食不規律有很好的調整作用。透過自身的認知和適當的運動，便可以有效的克制暴飲暴食，遠離嗜吃症。

## 心理急診室

1、你對自己體重的看法是：

A、無關緊要，我並不在乎。

B、比有些事稍微重要一些。

C、看重它大過很多事。

D、絕對重要，自己很在乎。

2、和朋友或同事吃飯，你喜歡：

A、專注交談，對吃什麼並不在意。

B、更喜歡說話聊天，偶爾吃點喜歡的食物。

C、專注食物，偶爾和身邊的人說兩句。

D、一言不發，仔細品嚐食物且吃很多。

3、你喜歡甜食嗎？

A、非常討厭甜食。

B、不喜歡，但偶爾吃一點可以接受。

C、喜歡，甜食是平時吃得比較多的食物。
D、超級喜歡，每天都想吃。

4、一個人獨處時，你對吃的看法：
A、知道自己想吃什麼，想吃多少。
B、清晰地感到自己吃得很飽了。
C、感嘆自己面前的食物越來越少。
D、沒有想法，見什麼吃什麼。

5、你對自己的評價如何：
A、很出色，很優秀。
B、還可以，大家對我評價還不錯。
C、有點問題，沒有什麼長處。
D、很差，自己表現的總是很糟糕。

6、例假日來臨，你喜歡怎樣度過：
A、尋找重要活動或者場合參與。
B、約幾個好友聚一聚。
C、在家陪父母或者妻子。
D、把自己一個人關在屋裡。

7、聽到別人談論食物，你的第一反應是：
A、吃。
B、高興。
C、友誼。
D、愛情。

## 診斷結果：

以上答案中，你選擇最多的字母就是你關於暴食類型的評判：

**A型**：暴食指數0

你厭惡甜食，在你眼中食物只是用來充飢而已，你寧可將更多精力投入到工作、學習和人際交往之中。

**B型**：暴食指數20%

你對甜食並不討厭，但也不喜歡，對其他食物大多也是如此，因此不必擔心你的體重。工作和生活中的壓力你也能妥善處理。

**C型**：暴食指數70%

你喜歡甜食，但你又希望能夠保持好身材，你總是透過獨自品嚐喜歡的食物來彌補你工作中無法發洩的鬱悶。

**D型**：暴食指數100%

你熱愛美食，食物給你帶來的快樂和滿足早已不是簡單的果腹之用。但有時候，你會將暴飲暴食當作發洩心中不滿的方式，並不可取。

## 寧寧母親的擔憂——厭食症

趙寧寧是某市國中三年級的學生，由於不吃東西導致身體極度瘦弱而無法像其他同學一樣正常的上課，忙碌地準備高中基測，她只能在家休養，這讓寧寧的媽媽很著急，眼看就要基測了，耽誤了考試，寧寧就比同年齡人晚一年上高中了，大學也就晚一年，真是一步跟不上，步步跟不上。

為了不耽誤女兒的前程，這天媽媽放下手上的工作，百忙之中抽出時間決定帶寧寧去看病。寧寧和媽媽來到了醫院，醫生看到一百六十多公分的寧寧還不到五十公斤，很驚訝，醫生見過很多厭食症患者，但是像寧寧這麼嚴重的還真是少見，醫生便詢問媽媽寧寧的相關情況，媽媽含著淚水為醫生講述了寧寧的病史。

寧寧原本也是一個健康快樂的女孩子，因父母工作的變動，寧寧小學畢業後就從鄉下來到城市裡讀國中。由於從小在鄉下長大，寧寧說話有很重的口音，這讓同學都嘲笑她，起初成績優異的寧寧在課堂上很活躍，每當老師提問時，她總是第一個舉手回答問題，但一張口說話，就會招來全班同學竊竊的嘲笑聲，慢慢地她不再舉手回答問題，成績也直線下降。不僅是口音，偏胖的寧寧也常常被同學嘲笑是個胖子，這更加讓寧寧覺得自卑，她便下定決心一定要讓自己瘦下來，不讓同學再嘲笑自己，於是她就選擇了不吃東西，堅持了一段時間，確實是瘦了點，這讓寧寧覺得自己的方法是正確的，更是堅定了她不吃飯減肥的信心。每當自己考試成績不好的時候，寧寧更是不吃東西，以

此方式來懲罰自己，提醒自己要下次努力考得好成績，漸漸的她開始厭食，什麼都吃不下去。

醫生問媽媽：「孩子變成這樣你們難道一點察覺都沒有嗎？」媽媽哭得厲害了，邊哭邊說：「我和她爸爸工作都比較忙，等我們覺得她不對勁的時候，她已經是什麼都不吃了，我們想盡辦法給她買喜歡吃的東西，但是她一點興趣都沒有，每天只能喝點湯，她變成這樣我們也有很大責任，醫生請你救救我的女兒吧！」醫生看著哭得像淚人兒一樣的媽媽，便安慰道：「請不要著急，寧寧患的是神經性厭食症，先給她打些營養液吧！再慢慢調養就會好起來的。」於是媽媽帶著寧寧按照醫生的吩咐打點滴去了。經過一段時間的治療和調養後，寧寧慢慢好起來了，很快就能重新回到學校繼續上學了。

心理學家把像寧寧這種從精神上抵制吃飯的行為，稱之為神經性厭食症，厭食症不僅影響身體發育，嚴重的能夠使患者失去生命，因為厭食症去世的大有人在，美國的著名歌手凱倫·卡本特就是因為患厭食症而去世的。

厭食症患者多數是女性，女孩子往往追求好身材用不吃飯的方式來減肥，藝人也是厭食症好發人群，由於工作需要，藝人們要保持好身材，因此經常選擇絕食來抑制體重的上升，這樣不吃減肥或保持身材的方式，久而久之就演變成了厭食症。

治療厭食症可以從三方面入手：第一，要補充營養，恢復正常的飲食，但需要注意的是由於長時間不飲食，腸胃功能變得衰弱，不能一下子吃太多東西，應該少量多餐，慢慢調節腸胃，恢復正常的飲食規律。第二，心理治療，讓患者瞭解正確的體重標準，有一個正確的健康觀念，不要一味的以為瘦就是美，要知道健康才是美的基礎。第三，從精神上治療，患有厭食症的患者往往還伴有憂鬱症、自閉症等病症，因此在治療厭食症的同時，可以根據醫生的囑咐，服用一些治療精神的藥物，進而更好的治療厭食症。

## 心理急診室

你是否容易患上厭食症呢？即使你覺得很健康，也需要有所警惕，不妨來心理急診室一下，看看你患厭食症的機率有多大吧！

1、你幾乎不會擔心自己每天都應該吃什麼？

2、當你吃了很多東西時，心裡會不會有罪惡感？

3、你是不是總認為周圍那些充滿魅力的朋友都比自己還要瘦很多？

4、你經常賭咒發誓要節食嗎？

5、你覺得自己某些部位脂肪很多嗎？比如腰或腿？

6、你是不是覺得吃肥膩的東西可以接受，但絕不能被他人看到？

7、在別人面前吃東西會讓你覺得彆扭嗎？

8、飽餐之後想立刻透過運動來消耗掉自己攝取的熱量？

9、你是不是因為覺得自己正在發胖，而討厭照鏡子？

10、你覺得自己不運動的話很快就會變胖嗎？

11、你在洗澡時是否認為自己的身材不好？

12、當你覺得自己吃多了時，有沒有想過要想辦法把食物都吐出來？

13、你有沒有因為覺得自己身材不好，而不敢穿泳衣或睡袍？

**診斷結果：**

只需要回答是與否，答「是」記1分，答「否」記0分。各題得分相加，統計總分。

0～4分，恭喜你！你患厭食症的機率為「低」。

5～10分，很遺憾！你患厭食症的機率為「中」。注意調整自己的飲食，快樂地享受健康的美食吧！

11～13分，當心！你患厭食症的機率為「高」。為了健康，你可能要去看一下心理醫生了！

每天陽光多一點——憂鬱症

上海永遠是那麼繁華、忙碌，人群熙熙攘攘，腳步匆匆，或高興、或緊張，沒有人有停下來休息的想法，更無暇顧及身邊可能發生的事情。就在他們的頭頂上，某大廈頂樓，卻是有一條生命，正經歷他人生旅途的最後一程，徘徊、困惑、絕望、不甘，心中無法平靜。在這個高大而有力的背影下，那顆脆弱的心卻已無力承擔自己的痛苦，如果有可能，他真的願意放棄自己的財富、自己的名譽、自己的一切，當然，更希望不要碰到那個老乞丐，雖然，他們只見過那匆匆一面……

站在死神面前的人叫吳群，今年五十三歲，是上海某私營貿易公司的老闆。吳群早年當過兵，復員後進過國企，後來主動從商，憑藉身上的一股闖勁，和早先積攢的一些人脈，很快在外貿行業風生水起，他的公司也由最早的三、五個人，勉強糊口，到現在部門完善，年盈利超過千萬，總資產超過億元，而且發展後勢良好。

在一般人眼中，吳群是一個好老闆、好丈夫、好父親，事業有成，家庭和睦，實在是一個成年男人的好榜樣。他本人一開始也十分陶醉於這種成功的感覺，甚至獨處時想起自己的一生，難免還有些自得。可是漸漸的，隨著年齡的增長，事業的擴充，身體漸漸不堪負荷，公司壓力與日劇增，家中兒子又正是青春叛逆年紀，吳群的成就感漸漸少了，他發現自己慢慢變得很不開心，緊張、焦慮常伴身邊，煩躁的心情揮之不去，他甚至有些迷茫，這就是我追求的生活嗎？

在一個週末的晚上，剛剛應酬完，吳群和祕書信步走出飯店，打算在街上隨便走走，放鬆一下。在一個街角的路邊，他們發現一個老頭坐在地上，衣衫襤褸，滿臉污泥，不停地向路過的人點頭，同時伸出一隻手希望能有所收穫。吳群今天心情不錯，就讓祕書給了老頭十元。接過錢來，老乞丐先是愣了一下，緊接著臉上的苦楚瞬間融化，他一邊開心地笑著，一邊不停向吳群兩人道謝。商場中的爾虞我詐鍛鍊出吳群對人觀察細緻入微的本領，他發現老乞丐的笑容中透著那麼滿足，卻沒有一點諂媚。這令他十分詫異，也有些好奇。於是，走了兩步，他藉口還有些私事要處理，將祕書先打發回家了。

看到祕書搭上車回家，吳群又掉頭走了回去，希望請老乞丐去附近的小飯館吃頓飯，順便聊聊天。對方也不客氣，很快收拾好行囊，樂呵呵跟著他就走。要了兩個菜，一碗白飯，又給老人要了兩瓶啤酒，兩人就攀談起來。兩杯啤酒下肚，老人非常滿足，憧憬道：「我要是每天都能遇到你這樣的好人就好嘍！」吳群微微一笑，說出了自己心中的疑問：「老人家，我能看出來您是真的很高興。但是我不明白，區區十塊錢，一頓飯，值得那麼開心嗎？畢竟你的生活還是很困難，你不難過嗎？」老人聽了他的話，沒有一絲不悅，而是很誠實地向他講述了自己的情況。原來，老人家在外地，兒子在這個城市打工，兒媳在家種田，孫女則還在上學。為了能給孫女多賺些學費，老人瞞了兒子，偷偷跑到上海來乞討，每月不但不用向家裡伸手要錢，還能存下千把塊錢。每存一塊錢，孫女的學費就多出一塊錢，那些都是他的希望。聽了這些，吳群有些恍惚，他沒想到一個人的快樂竟如此簡單，簡單得難以置信。接下來的整個週末，他將自己關在書房中，抽菸，思考，試圖明白自己奮鬥的意義。

然而，吳群不僅沒有達到目的，反而鑽了牛角尖，覺得自己很可悲，付出很多卻得不到快樂，表面風光卻無人理解，身為億萬富翁卻不如一個老乞丐。從那時起，他變得憂鬱了。表面上看，他依舊是那個三好男人，但他的行為、情緒卻偏離了正常人的軌道。他開始在工作中莫名地發脾氣，藉一點小事搞得員工人心惶惶，手下的祕書更是連續換了好幾個。回到家中，更是經常將自己關在書房裡，獨自到深夜。致使不論是公司還是家中，大家都對他敬而遠之，能躲就躲。他似乎常常能聽到有人在背後議論他，但回過頭卻又看不到任何跡象。他甚至懷疑身邊的人在策劃對他的綁架行為，特意僱用了兩個保鏢不離左右。

漸漸地，公司業務隨著一些重要高層跳槽離去，一落千丈；家中妻子也開始無視他的存在，甚至準備與他協議離婚，一切都向他擔心的方向發展，他比以前更加不快樂了。終於，在今天下午的公司全體會議上，他宣布了解散公司的決定，然後走上公司頂樓，打算結束這痛苦的生活。

有資料顯示，全世界有超過百分之十五的憂鬱症患者都選擇自殺來結束自己的生命，憂鬱症已經成為影響亞洲人的第二大疾病。憂鬱症主要表現有三個方面，一是悲觀、情緒低落；二是反應慢、思維遲緩；三是懶惰、不愛行動。對患者的生理和心理均會產生極大的負面影響，是現代社會中無法逃避的病魔之一。

憂鬱症主要分為內源性憂鬱症、隱祕性憂鬱症、青少年憂鬱症、繼發性憂鬱症、產後憂鬱症、白領憂鬱症等六大類，除了遺傳因素和自身性格外，人們的身分、身體和環境的不同都有可能是憂鬱

症發病的誘因。

治療憂鬱症最主要的還是要開放心態，要善於發現自己的長處和成功面，多將精力投入到自己的興趣所在，動手動腦，常與人溝通，並學會抑制自己的異常情緒。多吃含有氨基酸和維生素B的綠色食物，對減緩憂鬱情緒也有好處。

## 心理急診室

請回顧你前一階段的生活，是否發生如下情形？沒有發生計0分，偶爾發生計1分，經常發生計2分。

1、時間緊迫，不夠用？覺得手上工作太多，無法應付。
2、工作似乎總也做不完，沒時間休息？
3、雖然已經下班，但是還常常惦記著工作？
4、擔心別人對自己不認同？
5、暴躁、易被激怒？
6、感覺大家都不喜歡自己？
7、身體有慢性疼痛？
8、有不良的生活習慣，如酗酒、暴飲暴食、服用藥物？

9、常常擔心自己的經濟難以支撐？

10、情緒時而躁動、時而低落，覺得一切的失誤都是自己的錯？

**診斷結果：**

0～10分：程度低下

心理壓力負擔程度低，雖然沒有什麼心理負擔，但生活缺乏熱情，比較簡單沉悶，需要增加適當的動力。

11～15分：程度中等

心理壓力負擔程度是中等，這種壓力指數，相對較穩定，雖然某些時候壓力較大，但仍可應對，只要保持平穩，則不會造成太大的心理負擔。

16分或以上：程度極高

心理壓力負擔程度偏高，應該即時減壓，防止憂鬱症等心理障礙性疾病發生。

## 讓馬鈴薯在歐洲紮根——叛逆心理

馬鈴薯產自美洲，別稱洋芋，意為從海外傳來的芋頭，在歐洲的餐桌上，如果你看到帕蒙蒂埃幾個字，那多半是與馬鈴薯有關的。這裡面還有一個非常有趣的小故事。

早在十六世紀，馬鈴薯就被西班牙探險家帶到了歐洲並獻給教廷，當時，大家對這個陌生植物的認知和現代完全不同。包括教皇與各國王公貴族都認為，馬鈴薯花是一種非常典雅美麗的花朵，於是大家都將其當作觀賞植物來養。儘管很多人都知道馬鈴薯的果實是可以食用的，但卻沒幾個人願意真正去吃那個看起來又髒又醜的東西，最多在花開過後，把它挖出來丟給飼養的牲口充飢而已。

在那個宗教盛行的時代，聖經裡完全沒有記載的馬鈴薯是很難被大家接受的，尤其是其生於地下的果實外表醜陋，也不能像小麥一樣被做成麵包或大餅，再加上傳言吃了馬鈴薯會得麻瘋病，所以全歐洲自上而下都沒有將馬鈴薯做為主要糧食作物來種植。一直到帕蒙蒂埃出現為止。

早年當過軍醫的帕蒙蒂埃曾在普魯士的監獄中吃過馬鈴薯，他發現這種囚犯吃的食物不但味道可口，還很有飽足感。於是，他不但自己吃馬鈴薯，還種植、研究馬鈴薯。但很快，他用來實驗的田地就被教會沒收了。但帕蒙蒂埃並未放棄，他邀請各界名人與他共進晚餐，品嚐他做的馬鈴薯大餐，並將其送給法國國王和王后。

到了一七八七年，法國飢荒，帕蒙蒂埃告訴國王他可以用馬鈴薯來幫助國家度過難關，但需要得到國王的幫助，國王欣然應允。當時大部分農民都還沒有接受馬鈴薯，強制推廣肯定不會得到社會的認可，還可能會激化矛盾，引起災民暴動。於是，帕蒙蒂埃在巴黎南部的薩巴隆地區向國王申請了一片土地，用來種植馬鈴薯。那是一片王室的莊園，周圍住著不少農民。從第一天種植馬鈴薯開始，帕蒙蒂埃就大張旗鼓，調來重兵把守試驗田，還用大的篷布將其周圍遮蓋起來，從外面看，根本不知道田裡在做什麼，但不知內情的人看到這個場景，肯定都會有一樣的想法，這裡面的東西一定很重要，很珍貴！

漸漸地，附近的村子裡傳出了謠言，有說裡面種著奇花異草的，有說裡面囤積皇室糧食的，也有說那裡運來了不少國王的金銀珠寶，總之越來越多的人聚集到了周圍，都希望有機會能一探究竟。更令人們心緒難平的是，時間一長，負責值班的皇家衛隊彷彿有些懈怠，白天還好，晚上經常會有人擅離職守，到後來一到夜晚，整個看守隊伍就都撤退了。黑暗中無數飢困交加的眼睛閃著綠光，終於，有大膽者翻過藩籬，衝向大幕之後，跟著的就是潮水般湧入的農民。

偷到了馬鈴薯的農民並未因它長得醜陋就將它拋棄，他們相信，國王保護的東西一定是好的。於是，有人吃，有人種，馬鈴薯就這樣迅速在法國普及，而飢荒給國家帶來的威脅，也很快就過去了。

帕蒙蒂埃的做法利用的就是後世稱為「禁果效應」的原理，它的本質是人類普遍具有的叛逆心理，「亞當與夏娃」、「潘朵拉的盒子」都是典型的代表事例。俄羅斯諺語「禁果格外甜」就是這種心態的最好註解。

懷有叛逆心理往往使人在與他人交流時思想走上極端，背離共性，激化矛盾與衝突，以致最終分道揚鑣或反目成仇，它會影響你的判斷力，更會讓你失去寶貴的朋友，以及更多人生財富。

想要克服叛逆心理，至少要做到兩點：首先是努力學習，增廣見聞。無知才會狹隘，懂得就會寬容。如果人因為不瞭解、不明白而誤解對方，總是會讓人惋惜。要是能多懂得一些知識，能站在對方的角度進行換位思考，這種叛逆心理，基本上就不會影響你的判斷了。其次是勇於想像，與其在一條路上走到底，不如及早跳出，換一種思路，也許站在別的角度看事物本身，你會有不同的收穫。回頭再看，說不定還會為你剛剛的執著堅持莞爾一笑呢！

## 心理急診室

你是一個充滿叛逆的人嗎？試著回答下面的問題，然後得出結論：

1、你是否不喜歡按照別人說的去做？

2、你是否認為絕大多數規章制度都是不合理的，應該廢除？

3、如果你的父母反覆叮囑一件事，你是否會感到厭煩？

4、你是否經常考慮事物的另一面？

5、上司頤指氣使時，你是否覺得很討厭，甚至故意不聽指揮？

6、你是否喜歡與眾不同？

7、別人的批評，是否會引起你異常的反感和憤怒？

8、你是否特別想嘗試別人都不敢做的事？

9、你是否喜歡惡作劇，並因此而激怒他人？

10、你是否蔑視權威？

11、你是否認為冒險是一種極大的快樂？

12、你是否習慣總是按照大多數人的思維去做事？

13、對你覺得沒有意思的事，無論如何你都不會好好做嗎？

14、你是否熱衷於做令人大吃一驚的事？

15、你是否覺得人們對你不夠重視？

16、當你決定要做某件事，是否不論別人如何反對，你都會堅持己見？

17、你是否希望給那些傷害你自尊心的傢伙找點麻煩，以此讓他們重視你的存在？

18、你是否對那些被明令禁止的事物充滿興趣？

**評分規則：**

除了第19題答「是」記0分，答「否」記1分外，其餘各題答「是」記1分，答「否」記0分。

各題得分相加，統計總分。

**診斷結果：**

0～6分，你的叛逆心理很弱，而且只做那些該做的，不會去做不該做的。

7～12分，你存在一定的叛逆傾向。偶爾激動，會讓你喪失理智，意氣用事，有時會做一些不該做的傻事。

13～18分，你有相當嚴重的叛逆心理。你所想的和所做的總是與眾不同，與習俗和規定不符。希望你早日覺醒，控制自己的行為，避免與大家越走越遠。

# 傑克心頭那個魔鬼——強迫症

和往日一樣，胡德醫生坐在自己舒適的椅子上，等待下一位病人進來。他從事這一行已經太久了，也許都有些麻木了吧！他有些無奈地自嘲讓自己的心情有些許放鬆。的確，做為一名經驗豐富的心理醫生，他看慣了太多人性的陰暗，但每治好一位病人，都會讓他對這個世界再一次滿懷希望，他希望能讓所有受到心魔困擾的人走出陰影，重見光明，當然，也包括下一位。

助手帶來了一個年輕人，高大、帥氣、乾淨，給人感覺還不錯，只是看起來很虛弱，很憔悴，灰暗的眼神中更露出幾分沮喪與無奈。「您好，胡德醫生。」對方緊張地說道，「我想我遇到大麻煩了，需要您的幫助！」胡德伸手示意對方先坐下來，然後說道：「別急，小夥子，先說說是怎麼回事吧！」「好的。」年輕人接過醫生助手遞來的水，喝了一口，定了定神，然後開始了他的陳述。

原來，年輕人名叫傑克，在一家廣告公司工作，經常外出。他還有一個女朋友，和他關係不錯。本來一切都很好，但自從半年前開始，他遇到了麻煩。「每次我站在一個高的地方，就會情不自禁地想從上面跳下去，沒有任何原因，醫生。」傑克顯得有些不好意思，但還是決定把一切都講出來。

一開始，這種念頭總是一晃而過，傑克也就沒有太在意。然而，慢慢的，他發現情況越來越嚴重了。有一回，公司出外景拍廣告，傑克負責和貨車司機一起載送佈景道具。在高高的駕駛座裡，傑

克眼看著閃過眼前的路面，突然內心一陣衝動，推開車門跳了出去，一瞬間覺得手臂、後背一陣劇痛，然後發生了什麼，他就不知道了。後來，他在醫院裡看到了痛哭流涕的女友，也看到了滿懷關切的老闆和同事，大家都問他，這到底是怎麼回事。女友以為他工做出了問題，而老闆則以為他失戀後傷心過度，做了傻事。面對這一切，傑克羞愧不已，他也暗自發誓，一定要控制自己，不讓悲劇重演。

然而，等他痊癒出院後，卻發現想要過上正常人的生活談何容易。他將自己租的房子從五樓搬到一樓；他上班不再坐公車，而是靠捷運和自行車；他不再去爬山探險，而是改去人多的公園、河邊……但沒想到，如此小心翼翼還是出事了。前一陣子，這裡建好了一棟大橋，傑克和女友路過時，女友建議去橋上走走，體驗一下河水在腳下流過的感覺。沒有想到，剛走到一半，心中的魔鬼再次湧現，在女友還未來得及拉住他之前，他便已經翻過欄杆，躍入水中。幸好有維護大橋的工作人員和周圍熱心的路人將他救起，又逃過一劫。不過還是被老闆知道了這件事，工作算是沒了，女友也因為不堪忍受這種折磨，提出分手。

萬般無奈之下，傑克只有找到醫生，希望能讓自己的情況有所改善。胡德醫生告訴年輕人，他的這種情況，被稱為強迫症，在心理學上也是一種疾病，光靠自己的克制是不行的。曾經非常著名的航空家霍華德．休斯也曾是一個強迫症患者。「不過你放心，孩子，我一定會把你治好的！」說罷，胡德醫生又一次露出他那慈祥溫暖的笑容。

其實，正常人有時也會有一些強迫性的舉動出現，只是這些舉動都很微小，而且不會帶來什麼負面影響，一直被人們忽略。比如，我們經常會反覆重複幾句歌詞，會在一個常去的飯館找一個比較固定的座位等等。但是真正的強迫症患者就不只這麼簡單了。這種心理的誘因很複雜，強勢、主觀的人，往往會對某些事有特殊的要求，而有些弱小、謹慎的人，為了保護自己，有時候也會逼迫自己進行某種思維或行動。這種無意義的、病態的、反覆的強制行為，就叫做強迫性神經症。

比如英國著名足球明星「萬人迷」貝克漢，據說就有一些強迫症行為。他曾透露，自己常常會忍不住反覆收拾屋子，力求讓自己的住處完美無瑕，連辣妹老婆都難以忍受。除此之外，比如反覆洗手，固執地堅持某些普遍行為的特定順序和細節等等，都是強迫行為，此外，還有強迫觀念、強迫意向，強迫情緒等。

想要克服這種強迫心理，首先需要建立自信心，相信自己不論以何種方式，都能戰勝挑戰，解決問題，而不是必須要遵循守舊。其次就是分清自己行為的合理性，然後靠自己的控制力去避免強迫性行為和思想的出現。慢慢的，你會發現，其實很多事情即使不按照你想像的那樣做，結果也不錯。

## 心理急診室

以下是強迫症的心理急診室。當其中的一條或一條以上的症狀持續存在，並且影響了你的正常生活時，說明你有強迫症狀，需要即時尋求醫生的幫助。

1、我常反覆洗手而且洗手的時間很長，超過正常所需。
2、我有時不得不毫無理由地重複相同的內容、句子好幾次。
3、我覺得自己穿衣、脫衣、清洗、走路時，要遵循特殊的順序。
4、我常常沒有必要地檢查門窗、瓦斯、財物、文件、信件等。
5、我不得不反覆好幾次做某些事情直到我認為自己已經做好了為止。
6、我對自己做的大多數事情都會產生懷疑。
7、一些不愉快的想法常違背我的意願進入我的頭腦，使我無法擺脫。
8、我常常設想自己粗心大意或是細小的差錯會引起災難性的後果。
9、我時常無原因地擔心自己患了某種疾病。
10、我時常無原因地計數。
11、在某些場合，我很害怕失去控制，做出尷尬的事。
12、我經常遲到，因為我沒有必要地花了很多時間重複做某些事情。
13、當我看到刀、匕首和其他尖銳物品時，會感到心煩意亂。
14、我為了要完全記住一些不重要的事情而困擾。
15、有時候會毫無原因地想要破壞某些物品或傷害他人的衝動。
16、在某些場合，即使當時我生病了，我也想暴食一頓。
17、聽到自殺、犯罪或生病的事，我會心煩意亂很長時間，很難不去想它。

## 報復別人傷害自己——報復

阿輝是部門的主要業務員，平時工作能力出色，主管交代的任務都能圓滿完成，和同事們關係也不錯，只有一點，有點小心眼。但是瑕不掩瑜，主管對他還是很看重的。

有一回公司舉辦出國考察，目的地是德國慕尼黑一家先進企業。機會難得，公司裡的青年才俊都想出去見識見識。只是名額有限，不是所有人都能隨行，因此這件事在公司裡也掀起了小小波瀾，聽說不少人都已經開始著手準備，還有人在託人求情、走動關係。阿輝本來想，自己是一線的主要業務員，考察學習，怎麼都應該有自己的一份，但後來看到公司裡很多人都在談論此事，覺得風聲不對，自己也應該趕緊動手，不然可能真的沒機會了。

於是很快，他就找到了主管，兩人關係不錯，阿輝開門見山說明來意：自己希望藉這次機會出國學習，提升自己能力的同時，也會為公司生產帶來好處。主管顯得十分沉著，先是微笑著肯定了他要求進步的態度。但並沒有直接答應他的請求，而是說出了幾個人名，供他參考。這幾個人都是公司其他部門的頂尖人物，論能力、論貢獻都不在阿輝之下。他們也都是這次有可能隨團出國的預備人選。主管喝了口茶，不慌不忙道：「阿輝啊！我知道你很能幹，對公司也很重要。可是你想想我剛才提到的幾個人，哪個不是為公司立下汗馬功勞的。而且這次出國的人選都是經理欽定，我們這些部門主管都只有推薦的權利，你能不能被選上，我可沒把握啊！」看著阿輝漸漸緊縮的眉頭，主

管還是寬慰了他兩句：「當然了，我會盡力向經理推薦你的，我也希望我們部門的人能有好的發展不是嗎？」話說到這裡，阿輝也只能訕訕告辭了。

接下來幾天，他心裡始終忐忑不安，既期望入選，又怕不能順利成行，工作時也不能集中精神。終於這一天，他又被主管叫入辦公室。原來出國考察的名單下來了，其中沒有他，主管也是好心叫他來，一是通知他這件事，二是安撫一下他的情緒，問他有沒有其他需求，公司會盡量考慮。誰知阿輝突然激動起來，他覺得是主管在故意敷衍他，拒絕了主管的好意，阿輝氣呼呼回到座位上，有同事看他心情不佳，問他怎麼回事，他也毫不客氣，憑著自己猜測，說了主管壞話。他覺得，既然你不給我面子，那我也一定不讓你好過，看你這個主管以後還有沒有威信領導別人。很快這件事就在部門裡傳得沸沸揚揚，其他部門的員工也有人聽說了這件事，造成了很壞的影響，讓主管在部門內外都頗受非議。

迫於無奈，主管將部門員工都集中起來開了個會，會上，主管將公司內定的名單拿出來給大家看。原來，這次確定的人選還都是真材實料的優秀員工，並不像阿輝說的那樣都是憑關係、走後門才選上的。明白了事情真相，大家也都不再議論主管了，相反地，對於阿輝如此強的報復心理，都有一種不屑。

事情就這麼過去了，阿輝雖然後悔，但工作也恢復了原狀，大家也沒有再對他過多指責。沒想到到了年終，公司又一次舉辦去美國學習考察，阿輝覺得這次終於該輪到自己了，又一次找上門來，希望主管能推薦自己。主管還是那麼沉穩，但語氣已經與上次不同：「阿輝啊！照理說這次考察輪也該輪到你了，但是跟上次一樣，名單還是由經理定的，我做不了主。所以考慮再三，我決定推薦阿南，雖然他沒你能幹，但至少沒選上的話，他是絕不會報復我的！」

當一個人的某種訴求沒有達到滿足，並自認能準確找出背後的主因時，不論對方是人是物，他都很可能產生一種報復心理。這種心理並不能使自己的訴求得到滿足，但當看到心中的假想目標受到打擊時，卻能使自己內心產生一種報復後的快感。

不論是對社會報復，還是對某個人報復，其實都無法達到一個人最初的訴求。相反，一旦你的報復行為對某個具體的人造成傷害，他都是很難接受的，通常都會反過來再對你進行反報復，如此下去，循環不休，正應了那句經典的「冤冤相報何時了」。

寬容是化解報復之心的最佳選擇，儘管不是每個人都能做到「以德報怨」，但至少我們能對他人有意無意的衝突或矛盾淡化，相信你的寬容也會影響到身邊的人，這其實就已經將威脅最小化了。理智則是阻止報復心的又一大利器。當你怒火中燒，激動萬分之時，單純調節自我情緒恐怕已不能奏效，但是在你將報復行動付諸實現之前，請再仔細想想，你的行動能為你帶來什麼？如果只是為了報復後那短短的痛快心理而付出更大代價，你這麼做，還值得嗎？

## 心理急診室

假如有一天你真的遇到了持刀搶劫的歹徒，你手上沒有武器，但是旁邊有一些可以充當武器的小東西，情急之下你會選擇什麼東西當武器呢？

A、旗子。

B、椅子。

C、刀子。

D、石頭。

**診斷結果：**

**答案A：**善用心機型，你是個很懂得用腦筋的人。每當有人得罪你時，你從來不會當場發作，而是選擇暗中等待時機報復對方，最後讓對方恨你恨得牙癢癢的，卻又莫可奈何。

**答案B：**直接反擊型，你是個愛恨分明的人，所以當有人冒犯到你時，你的反應也很直接，會直接反擊，你總是將好惡寫在臉上。

**答案C：**以牙還牙型，你是個很重視朋友的人，所以你對朋友的背叛和出賣是不能接受的；當被對方傷害時，你會「以其人之道，還治其人之身」。

**答案D：**借刀殺人型，你是個標準的「狡兔三窟」類型的人，當你實在不能原諒對方，想給他一點顏色瞧瞧時，你也早已鋪好後路，並借刀殺人。

## 生命和他開了個大玩笑——貪慾

二十世紀六〇年代，法國有一位小有名氣的法律公證人，名叫卡爾，他是一名機敏、敬業、工作能力很強的人，但真正令他出名的，還是在三十多年後流傳開的一個故事。

一九九六年二月二十一日那天，一位報社記者找到了一名年逾百歲的老婦人，他此行的主要目的就是探究為何這位老人能活到一百二十一歲高齡，雖然隨著社會發展，醫學昌明，但如此高壽令人驚嘆之餘還有些好奇。面對滿頭銀絲、身形微曲但精神仍然矍鑠的老人，記者發出了自己的疑問，懇求得到老人的答案。「很簡單，因為我最看重我的身體。」老人微笑著說：「除了健康，我不知道一個老人家還需要什麼。」「比如說呢？」記者希望得到更多細節。老人陷入了沉思，良久，嘆了口氣，道：「那好吧！我就告訴你一件真事。」

在老人九十歲生日那天，她收到了一份意外的禮物，當時年僅四十六歲的卡爾以陌生人的身分找上門來，告訴老人，從那天開始，他決定為老人提供幫助，即每月兩百五十法郎的養老金，這筆錢在當時足以保證她過衣食無憂的生活，不管如何，對於生活並不富裕的老人，也算是可以安度晚年了。在確定卡爾是自掏腰包幫助自己時，老人有些難以置信，非親非故，他為什麼會這麼做呢？在老人一再追問之下，卡爾也就沒有再隱瞞，說出了自己的計畫。原來，老人家現在住的那間房子是她自己的，但她孤獨一人，百年後房子也不能帶走，卡爾希望到時候能得到這間房子。明白了卡爾

的用意，老人沒說什麼，點頭同意。

時間就像一陣風，一晃而過，吹走了卡爾的錢，也吹走了他的耐心。他從一開始的沾沾自喜，變成現在的迫不及待，他為老人提供的養老金，則早已超出了房子的價值。但此刻若是半途而廢，則自己真的就什麼都沒有了。於是，他三天兩頭跑到老人家看看，希望能看出老人生命消逝的跡象，誰知道事與願違，老人的身體越來越好。

也許真的是上天和他開的玩笑，這種狀況一直持續到了卡爾七十七歲，當他也垂垂老矣，並且由於心肌梗塞即將離開人世之時，老人還來看望了他，感謝他三十一年來對老人持之以恆的資助。到卡爾離開人世為止，他一共付給老人九萬多法郎，高出那間房子的市值三倍多。

「如果不是那個貪婪的計畫，他應該過得比我幸福。」老人感慨萬千，記者也是唏噓不已，好半天才反應過來。「那您現在的生活呢？」「我現在過得很好啊！以前還有些積蓄，我想，足夠我過完此生了。」看著老人滿足地笑道，記者若有所悟，點頭不語。

卡爾的後半生實在是一個悲劇，但這個悲劇就是他自己的貪念造成的，怨不得別人。退一步說，即使他的計畫實現了，他還會有更大的貪慾，也可能會讓自己付出更大的代價。「人心不足蛇吞象」，面對誘惑，人內心的衝動是很難抑制的，這也是貪婪的本質。但智者懂得克己守身，愚者卻總被名利矇住雙眼。

貪慾讓人為了追逐自己想要的東西，變得不擇手段，失去理智，是一種可怕的病態心理，它與遺傳無關，是人類自身成長過程中，自私的心態受環境影響逐漸放大而形成的。不管什麼人，一旦動了貪念，往往會深陷其中而不能自拔，最後付出慘痛代價，悔之莫及。

貪慾的來源是人不滿足的內心需求，這種需求自人類進化之初就有了，也是人類文明前進的原始動力。但當人類開化明理之後，就懂得用自己的智慧去克制這種需求的過分膨脹，不去追求不切實際的目標，不為了自己的需求而去傷害其他人。用開脫的心態發現生活中美好的一面，獲得更多滿足感，這樣才不會為貪慾所困，才會過得更幸福。

## 心理急診室

一杯果汁看你是不是個貪婪的人：假如你去參加一場宴會，當服務生端著果汁過來，然而托盤裡的杯子有著不同份量的果汁，你會選擇哪一杯呢？

A、空杯，正準備要倒入。

B、倒了半杯的果汁。

C、倒了七分滿的果汁。

D、倒全滿的果汁。

**診斷結果：**

**答案A：**你對金錢慾望非常強烈，但你的理財能力較差，因此常常搞不清楚你自己到底有多少錢，所以你是別人眼裡很會賺錢的窮人。

**答案B：**你是一個不愛財的人，你做事非常的謹慎，因此這導致你對金錢也非常謹慎，所以你對金錢沒有太大的慾望。

**答案C：**你是個對金錢慾望強烈但也善於支配金錢的人，你做任何事情都會留條後路，並且你的自制能力很強，因此不會輕易進行危險的金錢交易。

**答案D：**你是個十足的貪婪鬼，你對任何東西都想佔為己有，更何況是金錢，所以你對金錢的慾望相當的強烈。

# 人生第一次教訓——拖延

耿小姐剛剛畢業於某大學設計系，人長得漂亮身材也好，學業成績更不用說，憑藉出色的外表和優秀的成績，畢業後她就進入當地一家知名的廣告公司做企劃。但是人無完人，耿小姐樣樣都好，就是做事有些拖拖拉拉，因為這個毛病，她差點丟掉了現在這份令人羨慕的工作。

話說這天耿小姐剛剛來到公司，經理就將她叫到辦公室，交代她在明天下班前將現在手裡的這個廣告企劃完成，昨天客戶突然打來電話說想提前拿到企劃方案。走出了經理辦公室，耿小姐下定決心，一定要好好的完成這個廣告企劃案，這可是她來這個公司獨立負責的第一個案子，要來個旗開得勝，給主管留下好印象。

耿小姐回到了自己的座位上，一看錶已經快十點了，她急忙將電腦打開，做好了大戰一場的準備，可是這時肚子拉響了警報，這才想起來，原來自己還沒有吃早飯，耿小姐連忙抓起錢包跑著去樓下吃早餐了。

半個小時過去了，耿小姐很滿足地回來了，肚子不唱空城計了，可以安心工作了。這時辦公室裡飄來了一股香濃的咖啡味，耿小姐不由得拿起了自己的水杯跟隨著咖啡的香味走向了茶水間，是同部門的小李正在茶水間泡咖啡。耿小姐一見小李甚是投緣，懷著向前輩學習的態度，兩人便天南地北地攀談起來，這一聊上午半天過去了，眼看到了午飯時間，耿小姐才意猶未盡地回到了自己的

工作崗位，這才想起來自己還有企劃案要做，心想，沒關係反正還有下午，先吃了午飯回來再說，就這麼一拖二，二拖三的，轉眼到了下班時間，耿小姐的企劃案才剛剛開了個頭，耿小姐自我安慰道，明天，明天一定要早早來公司工作。

第二天，耿小姐早早地來到了公司，沒有再犯前一天的毛病，在來的路上解決了早飯，就是為了節約時間早點將經理交代的事情做完，可是誰想到，打開電腦發現自己用來做設計的軟體出問題了，趕緊上網找各種解決辦法，費了九牛二虎之力才終於搞定，否則要是弄不好這次可真是完蛋了，耿小姐一看錶，啊！都過了午飯時間了。她自知自己的工作還差多少，連午飯都顧不得吃，做起了企劃案，可是之前大把大把的時間已經被她浪費，現在亡羊補牢已經來不及了，還差十分鐘下班，經理走過來問耿小姐：「企劃案做好了嗎？」耿小姐很小聲地說：「對不起，還沒有。」這下經理可急了，將耿小姐叫到辦公室裡對她大發雷霆：「兩天過去了，一個企劃案還沒有做好，妳到底是怎麼工作的，客戶那邊我怎麼向人家交代，反正今天妳要把企劃案做出來，不然妳的實習期評價我可沒辦法寫了，妳還是趕緊去找工作吧！」耿小姐灰頭土臉地從經理辦公室出來，覺得非常後悔，要是自己不這麼拖拖拉拉的，肯定也不會發生這樣的事情，為了保住這份工作，耿小姐加班到了深夜，總算有驚無險地完成了企劃案，沒有丟掉工作。

拖延通常都會出現在學習或工作中，簡單說就是一件事情，因為自己的主觀原因，而沒有按計畫開始或者完成，進而影響了最終結果。拖延心理只出現在部分人身上，嚴重的話會成為拖延症，需要進行心理治療。

造成拖延的原因通常有這幾種，對自己能力看得過高或過低，不屑或者不敢接受任務，都是有可能導致拖延心理的產生，還有可能就是對任務目標（人或事物）懷有抵觸情緒，這也可能造成主觀不積極，能拖就拖的行為。

對自己設定一個任務提前截止時間，並強制自己完成，顯然是一個克服拖延心理的不錯辦法，堅持執行並養成習慣，你會獲益匪淺。按時完成任務後給自己一些獎勵，也是一個很好的選擇，它會讓你覺得「準時」其實沒那麼痛苦，也有甜蜜之處。最後，如果你自己真的自制力有限，就找個人來監督你吧！最好是一個親近而又直率的人，感受到他的壓力，相信你會更準時一些。

## 心理急診室

假如你是一個大企業的老闆，你有權利規定你年輕漂亮的私人祕書的穿著，你會怎麼選擇？

A、裙長過膝的保守套裝。
B、凸顯女祕書身材的窄裙。
C、和其他員工一樣穿工作服。
D、無所謂，任其自己選擇。

## 診斷結果：

選擇A的人：你是個不折不扣的工作狂，雖然平時看起來很散漫，只要一工作起來，你就會變得很正經，「認真」是你的一貫做事的風格，並且一絲不苟勇於承擔責任。

選擇B的人：你是個看起來像工作狂的人，你知道該努力工作的時候努力，當然也不會放過能偷懶的機會。你在工作的時候精神特別好，並且注重工作環境的情調。

選擇C的人：你是個公私分明的人，只要是在辦公事的時候，你從來不涉及私人的事情，雖然不算是工作狂，但也差不多。

選擇D的人：你是不是工作狂要根據工作性質而定，如果工作是你擅長的企劃類工作，你會非常認真，如果是你不喜歡的工作，那麼你就會偷懶，搪塞過去。

# 第三章

# 暴風雨後，總會出現彩虹。

## ——換個角度看世界

同樣有半杯水，有人遺憾：就剩半杯水了，不夠喝。也有人滿足：至少還剩半杯水可以喝。古語云：「塞翁失馬，焉知非福。」同一件事，每個人都會有自己不同的判斷，與其煩惱憂愁，不如換個角度，調整心態，尋找新的機會。因為越是狂風暴雨，其後越會出現美麗的彩虹……

## 傳奇賽車手的奇蹟——失敗不是終點

吉米．哈里波斯，一個傳奇般的名字，他在賽車場上所經歷的傳奇故事，對每一個經歷失敗的人，都有意義。當吉米還是個孩子的時候，他就夢想著成為一名賽車手，甚至是一名賽車冠軍。每當幻想自己駕駛賽車在賽道上狂飆突進，超越一個個對手並最後站在領獎臺的最高處時，他總是激動不已。

只可惜，他並沒有直接按照自己的預期走上職業賽車之路。現實將他帶到了美國軍營，在接受各種軍事訓練之餘，對於賽車癡心不改的他，終於有機會在卡車上磨練自己的車技。雖然笨重的大傢伙並不好控制，但卻為吉米打下了紮實的車技。退役後，他也因為自己善於駕駛的特長找到一份工作，在一個農場做司機，駕駛的雖然不是自己夢想中的賽車，但是卻可以換來收入，幫助他參加那些業餘車隊的訓練和比賽。只是，儘管他費盡心思參加盡可能多的訓練和比賽，但畢竟在賽道上，他開的不是卡車。幾年下來，吉米不但沒有拿到什麼像樣的成績，反而因為參賽開銷太大而負債累累。

然而，這還不是最糟糕的，隨著經驗增加，他參加的比賽也越來越激烈。在一次威斯康辛州的比賽中，意外不期而至。比賽接近尾聲，不屈不撓的吉米已經悄悄上升到了第三位，他的手心滿是汗水，因為他知道，只要自己再堅持一段時間，他就能走上領獎臺，雖然不是冠軍，但榮譽和獎金都會隨之而來，這麼多年來的努力也將第一次有所收穫。就在他憧憬未來的車手之路時，前面的兩部賽車發生意外，撞在了一起，並攔在他面前。情急之下，他急打方向盤，驚險避開事故車，但是因為速度實在太快，賽車瞬間失去了控制，一頭栽進賽道旁的防護牆上。緊接著，受到劇烈衝擊的吉米還沒回過神來，賽車就著火了。等到安全人員將火撲滅，救出吉米，他已經被燒得不成樣子了。賽後，經過七個小時的手術，體表燒傷面積達百分之四十的他，總算保住了一條性命。但是醫生的話讓他還是如死去一般：「你再也不能開車了。」的確，雙手嚴重燒傷而萎縮，鼻子也沒有了，他能再過上正常人的生活，就已經很不錯了。

可是，吉米並沒有被殘酷的現實打倒。對賽車執著的夢想，和在軍隊磨練出的毅力，讓他堅信自己還會有重回賽道的機會。於是，他想盡各種辦法來恢復身體，為復出做準備。他經由植皮手術回復雙手的皮膚，經由抓木條練習來恢復手指的靈活性，取得成效之後，又經由重回農場開推土機來磨練失去感覺的雙手，最後則是重回賽道練習賽車。債務、傷痛甚至嘲諷，都已不能阻止他前進的決心。他知道，自己已經是上帝的棄兒，如果不能以超出常人的努力重新開始，就永遠再沒有機會了。

奇蹟出現了，九個月後他重返賽場，隨後，他在一次比賽中獲得亞軍，又過兩個月，他在一場全程兩百五十九英里的激烈比賽之後，站上了冠軍領獎臺，而這條賽道，正是一年前他發生事故的地方。面對狂熱的觀眾和車迷，已經被汗水和淚水迷住雙眼的吉米，激動到無語。比他更瘋狂的是那些記者們，因為他們實在想不通面前的賽車英雄是如何創造奇蹟的。可是當他們將自己的問題拋出

時，得到的只有一張海報，海報上是一輛迎著朝陽狂奔的賽車，海報背面，則是吉米曾經鼓勵自己的手跡：把失敗留在背後，我相信自己一定能成功！

誰沒有經歷過失敗呢？但是，如果你眼中看到的只有失敗，並因此自怨自艾，自暴自棄，那麼你的未來實際上也就此結束了。當然了，接受失敗並不是很難，難的是你如何看待過去的失敗，是否將他看成是有益的收穫，是否將它當作新的起點，再次向成功邁進，就像吉米．哈里波斯那樣。

「天將降大任於斯人也，必先苦其心志，勞其筋骨，餓其體膚，空乏其身，行拂亂其所為，所以動心忍性，增益其所不能。」這句出自《孟子》的名言告訴我們一個道理，艱難困苦不是終點，磨練心智，從中受益，繼而從失敗走向成功，這才是成大事的人所要明白的。

人的能力，往往都是在逆境中被激發，而達到高點，不管是生理上，還是心理上。因此，已有的失敗除了能帶給你必要的經驗外，還能激發你潛在的能力，只要正確對待，失敗也可以助你取得最終的勝利。

## 心理急診室

假如有一天，你想買一臺CD音響，而正巧發薪水，於是你就領出錢放在抽屜裡，準備待會兒拿出去買，但是當你再次打開抽屜時，卻發現錢不翼而飛，這時你會怎麼想？

1、盤算一下誰最有可能動這個抽屜，然後去找他問個明白。

2、後悔自己沒有將抽屜鎖上，或者立刻去買CD音響。

3、猜測有可能是家人挪用了這筆錢，或是自己記錯了放錢的地方。

4、找好朋友哭訴並求助。

## 診斷結果：

**選擇A的人：**你是個臨危不亂的人，這是你的長處，但是你有推卸責任的不好習慣，每當發生錯誤就會將責任歸咎於其他人，不願意承擔責任。這讓許多人都對你很不滿。

**選擇B的人：**你很缺乏自信，很自卑，總是覺得自己沒有別人強，因此在受到打擊時，你總是一味地埋怨自己。你要看到自己的優點，你是一個善於反省又有責任感的人，你一定要有信心，這樣才能消除自卑。

**選擇C的人：**你是個充滿自信的人，你不怕挫折，但是你的缺點是太固執，當遇到困難時，你不會採納不同的意見，而是堅持自己的立場，這就影響了你發展的空間。

**選擇D的人：**你是個健忘的人，你害怕遇到不幸的事情，如果遇到，你就像到了世界末日一樣的害怕，但是事情過後，你就會很快忘掉恐懼，重新快樂的生活。

## 房子到底好賣嗎？——心態決定看法

底特律的工人罷工已經持續了好些日子，汽車之城失去了它往日的活力，勞資雙方還沒有人露出妥協的跡象。「看來危機還會持續一段日子」，這是在這次酒會上那些所謂成功人士的共識。邁克是從華盛頓趕來採訪罷工事件的記者，採訪那些在一線工作的工人之前，剛好趕上了這次酒會召開，他也在主人的邀請之列。

為了瞭解真實情況，邁克和幾乎每一個人交談、討論，不論是事件還是觀點，他希望能有盡可能多的收穫。他發現，儘管大多數人都被感染了悲觀情緒，但並不是所有人的想法都完全一致，或多或少大家都會站在自己角度發出一些觀點，更有人會與大家持有截然相反的觀點，很有意思。

班是當地一位有名的房地產經紀商，衣著整潔考究，言談溫文爾雅，一看就是一位紳士，但談起他的生意，卻是一臉愁雲：「大家都停工了，都沒有收入了，人們都要算計著買吃的、買穿的，甚至是衛生紙都要選便宜的買，這種情況下，誰還會去買房子呢？我已經好久沒開張了，要不你來底特律買房子吧？我保證給你最好的房子，最大的折扣。」邁克趕忙擺手：「還是算了，我在華盛頓買的那間房子貸款還沒繳完呢！」「真不知道這該死的罷工什麼時候能結束，說不定你下次見我的時候我就要睡大街了！」說到最後，情緒激動的班甚至有些失控，邁克也只好趕緊結束談話。

之後，他遇到了當地另一位有名的房地產經紀商翠茜。「關於罷工，您是怎麼想的呢？」邁克試探著問道。「你是說罷工嗎？」翠茜臉上竟然出現一個燦爛的笑容：「雖然我這麼說可能對大家不敬，但是坦白說，我真的很喜歡這次罷工。」邁克像是發現了外星人一樣，張大了嘴，卻說不出那個「WHY」，看到對方的反應，翠茜臉上閃現出一絲小得意，慢慢解釋起來：「你知道，在這個城市，大家一直很忙。忙得沒有時間吃飯、睡覺、逛商場，忙得連自己要住哪都沒時間思考，這種情況下，又有幾個人會真正有心思去選一間自己喜歡的房子買下來呢？」邁克腦中好像有了點思路，但又不是很清晰，繼續聽著。「現在不一樣了，大家終於有了充裕的時間來真正關注和思考屬於自己的生活了。很多人相信，談判最終會解決問題，大家都會回到工作崗位上，生活也將重回正軌。那時候，一切又將變得忙碌不休，所以，現在正是一個好機會。」「選房子的好機會？」邁克想證實自己的想法。翠茜點頭道：「沒錯，就是這樣。他們終於有時間關注自己喜歡的房子，有耐心去精挑細選，這在以前是不可能的。而且，聰明人都知道，在這個時候買房子會便宜很多。」

看著邁克若有所悟的樣子，翠茜也問了一個問題，那就是邁克是否認識華盛頓的政要。在得到了否定的答案後，翠茜一邊搖頭一邊遺憾：「真是太可惜了，邁克，如果你能讓他們將這場罷工再持續兩個月的話，我們兩年內都可以不用再工作了。」

你的生活由你做主，你的心態決定你的生活。在生活和工作中，時時刻刻都會有危機，悲觀者陷入其中，止步不前；樂觀者跳出泥沼，另闢蹊徑。所謂危機，總是危險與機會並存的，當你拂去蓋在上面的危險，下面的機會就會跳到你面前。

房子到底好不好賣，不同的人有不同的看法，不同的看法自然也會帶來不同的結果。由此也會想

到另一個相似的經典行銷案例，那就是：如何將梳子賣給和尚？乍看之下恐怕沒有人相信這個有點瘋狂的行為會成功，但是確實有人這麼做了，而且做得出奇的好。而他成功的基礎就是心態，因為一上來就在心中否定這一行為的人是肯定做不好的。

積極的心態是改變我們命運的基礎，只要再付諸努力，就會有所收穫。想要避開危機，改變困境，就要先改變自己的心，要知道，在事情剛剛開始之時，你的看法，很可能就已經決定了它的結局。

## 心理急診室

1、有人佔住麥克風在盡情高唱，但唱得並不好。這時，你想——

A、唱得不好，也不懂得收斂，勇氣可嘉。

B、他一定很開心吧！誰高興的時候都喜歡唱幾句。

C、太可惡了！這麼難聽，希望他趕緊閉嘴！

2、夏天到了，有朋友穿上了漂亮的裙子。大家都在誇讚她，妳心想——

A、她穿這一身，確實很漂亮。

B、明天我也要找件漂亮的衣服來穿。

C、不就是一條新裙子嘛，有什麼可臭美的！

3、路上，有人攔住你們一群人，伸手乞討。這時，你會說——

A、真不湊巧，今天沒帶零錢。

B、我想給你，但是零錢已經給了前面乞討的人。

C、我自己的錢還不夠花呢！

4、放長假前，聽到同事們討論出遊計畫。你會想——

A、不知道會不會再加班，不能放鬆了。

B、難得放長假，一定要好好計畫，痛痛快快玩一回！

C、放假也就那樣，沒什麼好玩的。

5、週末了，在你休息時，鄰居家的陽臺上傳來鳥叫，你當時的感覺是——

A、所有的鳥兒天生喜歡鳴叫，很正常。

B、這隻鳥的歌聲真是婉轉動聽。

C、這隻鳥太煩人了，簡直就是噪音。

6、在一幅油畫中，有一個人張著大嘴，你覺得他正在做什麼？

A、讓牙醫看牙。

B、大笑。

C、喊救命。

**診斷結果：**

選A多的人，你的心態基本正常，偶爾會有些情緒上的波動。嘗試讓自己更寬容，你就會變得更快樂。

選B多的人，恭喜你，你的心態好極了！這種心態能給你和你身邊的人帶來幸福和快樂。

選C多的人，真不幸，你的心態不太好！嘗試著讓自己更快樂，不然你的壞情緒不但會影響你自己，還會影響到其他人。

# 一條腿的價值──要勇於面對

空氣中瀰漫著硝煙的氣味，偶爾有手榴彈從頭頂上呼嘯而過，在遠處爆炸，引起大地劇烈震動，飛沙走石，煙霧升騰，但是陣地上沒有一個人動，他們低伏在岩體前，等待敵人再一次的進攻。這已經是第八次了，所有人都清楚，這可能是大家最後的戰鬥了，他們都在積蓄力量，準備給予敵人最致命的一擊。槍聲響起，火光掠過陣地，死神在狂舞，天使在哭泣，也許是敵人在氣勢上已經被擊垮，總之他們又創造了一次奇蹟。又有很多人離開了，上級撤出陣地的命令隨即到來，大家拖著疲憊或傷殘的身體，回到了後方。羅傑是幸運的，因為他活了下來，羅傑也是不幸的，因為他在最後一次戰鬥中，被彈片擊中大腿。在被戰友們抬下陣地的路上，他就知道，自己的這條腿，完了。

國家給了羅傑英雄的稱號，他有了勳章、工作和獎金，所有人對羅傑禮敬有加，但羅傑卻變得不開心了。他並不是一個拿不起、放不下的人，對自己的腿，他也並不在意，他覺得，戰鬥勝利了，這就是最大的勝利，至於自己的腿，比起那些付出生命的戰友，又算得了什麼呢？只是，他是一個倔強的人，在他看來，周圍所有人對他的幫助和關心，國家給他的榮譽和獎勵，都是由於他失去了一條腿，而產生了同情，才會這樣。這讓羅傑覺得自己是個弱者，是個時刻靠他人照顧的可憐蟲，這種感覺可真不舒服啊！

於是，羅傑努力工作，努力學習，有時甚至會幫助他人，他希望獲得別人的認可，那就是：即使

只有一條腿，羅傑也很強。可惜，生活和工作中的種種不便，不是只靠勇氣和意志就能克服的，想要做的比別人出色，那更是難上加難。

直到有一天，在老同學的勸說下，他回到了曾經熟悉的泳池，那個自從參軍後就沒有再去過的地方，那個承載著他快樂童年的地方。他發現自己在水中的感覺仍然如此之好，就像是離家多年的遊子回到了故鄉一般，他知道自己終於找到了自己的價值。那一刻，他激動不已，淚流滿面。

從那天開始，羅傑辭去了工作，在游泳訓練館邊租了房子，還花錢顧了私人教練，開始了自己新的生活。他要在水中重生，要證明自己不比其他人差，他想參加游泳比賽。於是，游泳館裡，人們經常會看到一個獨腿人在教練的陪伴下走向泳池，當他入水後，全身就彷彿散發著獨特的光芒。已經不知有多少汗水和淚水溶入了泳池之中，儘管要承受比常人艱難數倍的訓練，但羅傑從未退縮過。他確定自己走在一條正確的道路上，他希望做為一個英雄，有朝一日能得到真正的認可而不是憐憫。

三年過去了，當全國人民看到泳池邊那位獨腿的選手就是他們曾經的戰鬥英雄時，群情沸騰。激烈的比賽轉瞬即過，而最先觸壁的不是別人，正是羅傑。當電視臺記者扛著攝影機追問他得獎感言的時候，羅傑只留下了一句話：「我只想告訴大家，我不會活在過去的影子裡，即使只有一條腿，我也有我的價值！」

如果你是羅傑，會像他這麼做嗎？相信一般人很少會像他一樣有如此巨大的勇氣和毅力，做出像他一樣的選擇。但有時候，生活就是這麼殘酷，你希望像戰士一樣挑戰一切，還是像乞丐一樣苟延殘喘呢？誰不會遇到挫折，誰沒有陷入過困境，但凡事成大事者，無不是勇於面對常人所不能的困難。司馬遷的《史記》如何寫成相信大家都略有瞭解，和他相似的是創作了《鋼鐵是怎樣煉成的》的奧斯特洛夫斯基，同樣有勇氣面對人生、不懈奮鬥的還有在數次爆炸實驗中九死一生的諾貝爾，從小到大遭受重重挫折的美國總統林肯，如此種種，不勝枚舉。

天才詩人拜倫曾說過：「無論頭上是怎樣的天空，我準備承受任何風暴。」天生殘疾的他，所取得的成就令人敬仰。但如果我們連生活中的小挫折都不敢面對，又如何有機會品嚐成功的果實。勇於面對是人生成長的重要條件，得到它也許要經年累月的磨練，也許只是轉念之間，一旦你將它緊握在手中，它將幫你劈開人生路上叢生的荊棘，帶你走向一條完全不同的人生路。

## 心理急診室

請仔細回憶，你在上幼稚園時，最喜歡玩的遊戲是？

A、鞦韆。

B、翹翹板。

C、爬竿。

D、溜滑梯。

**診斷結果：**

**答案A：**為了家人你勇於承擔各種壓力，你非常孝順，你最怕家人擔心，所以你非常努力的讓自己站起來。這種類型的人心腸很軟，是個戀家的人，總是牽掛著父母，家是你永遠的避風港。

**答案B：**你有應變能力，能夠很好的掌握自己的平衡點，當遇到失敗或挫折時，你總是能夠很冷靜地反省失敗的原因，也會汲取很多寶貴的意見，然後重新出發。

**答案C：**你是個自尊心比應變能力更強的人，你天生有不服輸的精神，當你遇到困難時，會用最短的時間讓自己站起來，你的人生字典裡從來沒有認輸這兩個字，你鍥而不捨的精神很值得人們學習。

**答案D：**你是個很容易相信別人的人，當你遇到困難時，你首先想到的就是躲開困難，去外面流浪一段時間，尋找新的機會，但是當你被你信任的人出賣而失敗時，你會失去對人性的信任。

## 廚師父親的感悟——挫折讓你更完美

小美最近很煩悶，從上個月開始，她好像就陷入了人生低谷，先是戀愛四年的男朋友和她分手，沒過兩天，公司主管又找到她，因為經濟危機，公司業務緊縮，需要裁員，精神狀態受到影響的小美自然成了首選目標。突然，小美覺得自己的天空成了灰色的，做什麼都沒有希望，成天待在家裡，除了吃飯、睡覺，就是上網，渾渾噩噩度日。她的父母看在眼裡，急在心裡，但女兒大了，又不好直說，只好慢慢想辦法。

這天下午，外面陽光明媚，在家休息的父親讓小美出去走走，呼吸呼吸新鮮空氣，誰知道催了半天，對方一點反應都沒有。無奈之下，父親只得走到她面前，說：「女兒，想不想再嚐嚐我的手藝？」聽到這句話，小美突然轉過頭來，問道：「您說真的？」原來，小美的父親是星級飯店的大廚，平日幾乎從來不在家做飯，今天難道是太陽打西邊出來了？「那妳跟我來廚房。」父親面露神祕，說完轉身走了。

小美立刻跳了起來，快跑兩步跟著父親進了廚房，期待著華麗大餐的出現。然而，父親準備的材料讓她有些失望：一根胡蘿蔔、一個生雞蛋和一小撮咖啡豆。難道爸爸有新驚喜給我？小美一邊想，一邊在旁邊悄悄看著。父親把咖啡豆磨成了粉，然後將三樣東西分別放進三口小鍋裡煮。二十多分鐘過去了，父親關掉了三個灶臺的火，將三口鍋拿了下來，放在桌上。望著父親轉向自己的期

待的目光，小美有些茫然，看了看鍋，又看了看父親，好半天也沒明白。

「妳看到了什麼？」父親問道。「沒什麼啊！就是胡蘿蔔、雞蛋和咖啡啊！」小美回答得理所當然。「沒有別的了嗎？」父親看起來有些神祕。小美苦思無解，拉著爸爸的手撒嬌，想知道答案。「好吧！那我就好好跟妳說說。」爸爸嘆了口氣，把胡蘿蔔和雞蛋都從水中撈了出來，放到了盤子裡。

「妳看，胡蘿蔔、雞蛋、咖啡三樣食材，當它們剛剛進入水中時，是沒什麼變化的。但後來，他們遇到了嚴重的環境，那就是沸水。同樣深陷困境，但這三樣東西的表現是完全不同的。又硬又脆的胡蘿蔔被沸水煮了沒多久，就成了爛泥一樣，它被環境擊垮了，低頭了，做了另一個自己；雞蛋原本脆弱不堪，一遇撞擊就會破碎，精華部分流淌殆盡，但是經過開水磨礪，依舊脆弱的表皮下，卻擁有了一顆堅強的心，完整、有韌性，這時候雞蛋即使是敲破了殼，也可以立在原處，紋絲不動；再看咖啡，磨成粉後又黑又輕，看起來不起眼不說，隨時都有可能隨風而去，但是在沸水中，它將自己分散開，融入水中，並散發出所有氣息，將原本平淡無味的開水變成了醇香濃郁的咖啡。現在妳看，它已經征服了對方，整個鍋中都已經是它的地盤了。」父親說完了，一動也不動的盯著小美：「現在，妳明白了嗎？」女兒點頭微笑，「爸爸，我出去走走，明天開始我就找工作。」看著女兒的背影，父親微笑著點了點頭。

沒有失敗和挫折的人生是不完美的，不是嗎？溫室的花朵不能面對風暴，窩中的小鳥也不能搏擊長空，只有被風吹雨打過，花朵才能堅強，小鳥才能高飛。短暫的順利或者完美的生活並不是什麼幸運的事，它甚至會起到一種負面效果，讓你在安逸的環境下放鬆警惕，停止進步，如此，等待你的將是更大的失敗和打擊。

挫折雖然讓人很痛苦，但它同時也是一種財富，經由挫折，你收穫的總是比你想像的要多：失敗的原因可以豐富你的閱歷不必多說，伴隨而來的堅韌、頑強、豁達、寬容，更是難得的優秀高尚情操。擁有這些，才能幫助你駕馭生活，把握幸福，才會讓人生更加精彩！

小美在爸爸的幫助下，懂得挫折的價值，更理解了人生的真諦。人生路上，挫折就是調味瓶，它會讓你嚐遍人生百味；人生路上，挫折就是暴風雨，它會讓你看到七色彩虹。只有經歷失敗和挫折，我們才有可能真正超越自我，笑對人生。

## 心理急診室

如果有一天你背著降落傘從天而降，你最希望降落在下面選項中的什麼地方？

A、遼闊的草原平地。

B、美麗的湖畔溼地。

C、風景獨特的山頂。

D、高高的大廈頂樓。

**診斷結果：**

**答案A：**你是個墨守成規的人，希望自己過著規律的生活，所以當你的生活有些運氣不佳時，你也會盡量讓自己平靜，維持原來的生活軌道，然後重新找新的機會平衡生活步調。

**答案B：**你是個略有保守思想的人，當你面對不如意時，會選擇逆來順受。當你覺得自己運氣不好時，你會尋求改變自己的方法。雖然偶爾也會打破成規，調整新的生活步調，但是每次的改變都不是很大。

**答案C：**你擁有非常積極的人生觀，你喜歡大刀闊斧的改變，讓自己改頭換面。你的主張就是人生要不斷嘗試新的體驗才能進步，因此你在面臨運氣不好時都會將危機變成轉機。

**答案D：**你是個追求功成名就的人。每當你的人生處於逆境時，雖然你會很恐慌，但是你總是能夠憑藉自己的智慧和耐力，度過難關。讓自己更上一層樓的想法會是你邁向成功的原動力。

## 霜淇淋好吃更好玩——享受別樣的快樂

田奶奶是社區裡的老住戶了，和藹可親，和社區裡的每個人關係都很好，尤其是那些小孩子，都很喜歡她。

這天下午，小小放學回來，手裡拿著一個霜淇淋，蹦蹦跳跳地從遠處走來。一邊走一邊還唱著歌，粉嘟嘟的小嘴邊上已經沾上了白色的霜淇淋，白淨的小手上小心翼翼地舉著剛買的寶貝，走兩步用舌頭舔一下，然後閉上眼睛，咂咂嘴，回味一會兒，就好像吃了王母娘娘的蟠桃那麼美。田奶奶在不遠處看得可愛，忍不住搖頭微笑。小小是她鄰居家的小孩，剛上小學一年級，看起來虎頭虎腦的，但是既聰明又有禮貌，田奶奶很喜歡他。

小小也許是還沉醉於霜淇淋的美味中，也忘了跟田奶奶問好，直奔家門而去。不料剛走兩步，撲通一下，腳下沒站穩，摔倒在地。小孩子反應快，身子也輕，所以小小倒是沒怎麼樣，只是剛吃了一小半的霜淇淋掉在地上，再也不能吃了。「哇——！」小小看著化成一灘的霜淇淋，一下哭了起來。在一旁的田奶奶嚇了一跳，以為小小哪摔傷了，趕緊過來，一邊扶孩子起來，一邊關心地問哪裡傷著了。

小小一看是田奶奶，哭得更傷心了，勸了好半天，才擦著眼淚說道：「奶奶，我買的好吃的霜淇淋掉了，不能吃了。」看著地上已經有些化了的霜淇淋，老人家有些無奈，也有些好笑。但是

怎麼才能讓小小開心呢？想了一下，就摸著小小的腦袋神祕地說：「小小，你知道嗎？霜淇淋不光好吃，還很好玩呢！」「啊？霜淇淋還能玩呢！奶奶。」小傢伙抬起了頭，也顧不上擦拭臉上還未褪盡的淚痕，認真的表情令人忍俊不禁。田奶奶繼續說：「是啊！奶奶騙過你嗎？」「那怎麼玩呢？」小小有些迫不及待。「你呀，脫下一隻襪子，用腳踩上去試試。」田奶奶道。小小摳了摳褲子，猶豫著說：「可是看起來好髒啊！」「怕什麼，小小，你剛才不還吃著嗎？是不是不敢試啊？」老人家用了一點小技巧。「試就試，我不怕！」小小做出了絕大多數同年齡的孩子都會做出的決定。

脫了襪子，他還是有點謹慎，試探著把腳伸了過去，在地上那堆霜淇淋上踩了一下。就覺得倏地一下，細膩的霜淇淋就順著腳趾縫中間和腳底邊緣滑了出來，涼涼的，癢癢的，還有一點點黏，感覺真的很好玩！於是，小小又使勁踩了一下，這一下感覺更滑了，但是又很柔軟，不像踩在冰面上那麼硬。沉浸於新發現的驚喜之中，小小玩得興起，一下一下，不停地踩著，而剛才摔倒的傷心難過，早就被扔到腦後了。

這時，田奶奶才笑道：「好了，小小，回家吧！告訴媽媽雖然你摔倒了，雖然你弄髒了腳，但是你獲得了快樂，這種玩霜淇淋的感覺，可不是每個人都有的！」

「人生不如意十之八九」雖然這句話有些悲觀，但確實告訴我們，想要事事順心，很難，甚至人們遇到的事情，總是負面的多一些，那我們應該怎麼樣呢？猶太人流傳一句名言：「對必然之事，且輕快地加以承受。」既然已經面臨不幸，何必耿耿於懷，低頭嘆氣。開心，日子要過，不開心，日子也要過。你的生命不會因為你的悲傷而延長，反而更多的悲傷，會讓你痛苦地過完一生時後悔莫及。與其如此，為什麼不接受事實，並從中發現更多快樂呢？

同樣的苦難、抗拒或哀怨，只會讓你的下一步走得更艱難，堅忍、積極才能幫助你擺脫困境。當然，並不是像有些人說的：「有人打你左臉，你還要笑著把右臉伸出去。」那種消極的宿命論者只能自取其辱。只有在逆境中善於發現曙光，積極應對，才能真正享受到常人難以體會的另一種快樂。

## 心理急診室

1、你會向家人大發雷霆嗎？

2、你通常很難集中注意力嗎？

3、你會莫名其妙地感覺到傷感嗎？

4、當你緊張的時候，總是能夠有辦法減輕緊張情緒嗎？

5、你經常會因為吃太飽而感覺難受嗎？

6、你總是一遍又一遍地向別人解釋你的過錯嗎？

7、你能夠細心的向小朋友說明一個難題嗎？

8、單調的工作你也能樂在其中嗎？

9、當遇到危險時，你會很沉著並想出對策？

10、不高興時，你會減少和別人接觸嗎？

上述問題的答案均為：

A：是

B：不一定

C：否

**計分說明：**

第1、2、3、5、10題選擇A計0分，B計1分，C計2分。

第4、6、7、8、9題選擇A計2分，B計1分，C計0分。

本測試的最高分數是二十分，如果心理急診室的分數越高，說明這類人的控制能力越高，如果分數越低，說明這類人的控制能力越低。假如你的心理急診室分數在十分以下，那麼你的控制能力是很差的，不良情緒常常會困擾你。

# 「從沒有人超過一萬元」——放棄是一種境界

美國國家電視第三臺有一個節目很受歡迎，節目的內容很簡單，主持人詹森拿一箱面值一百美元的鈔票出來，放在四位參加節目的嘉賓面前，讓他們數。然後開始計時，在五分鐘之內，四個人誰數的錢多，誰就可以將這些錢拿走。當然，有一個前提，那就是他們數的結果必須正確，如果數目不對，那他們一分錢也拿不走。參加的嘉賓來自四面八方，但無疑，不管是對嘉賓還是電視觀眾來說，那成堆的現金還是很有誘惑力的。幾乎每一個人都在想，如果臺上的人是我就好了，儘管只有三分鐘，但是盡全力數的話，還是能拿不少錢的。

「嗶！」一聲哨響，比賽開始了。四位參賽嘉賓開始有條不紊地數起鈔票來。但很快，他們發現事情沒那麼簡單。現場的觀眾從第一秒開始就沸騰了，也許是不想眼睜睜看人在自己面前輕易拿走那麼多現金，噪音充滿了整個攝影棚，甚至有人在臺下又跳又鬧又做鬼臉。主持人詹森也沒閒著，他拿著麥克風，不時挑動著現場幾欲瘋狂的觀眾的情緒。但更主要的，他將注意力放在了幾位嘉賓身上。他輪流向幾個人提問，既有生活常識，又有新聞時事，既涉及到個人隱私，又夾雜著腦筋急轉彎。如果對方答得不好或是答不出來，他則乾脆在旁邊調侃嘲諷對方，還鼓動觀眾在臺下起鬨。

果然，沒兩分鐘，幾位嘉賓的頭上都微微滲出汗滴，甚至有一位嘉賓的手都有些顫抖。他們幾乎已經聽不到自己數錢時心中的默唸，只是機械地重複、重複、再重複……「嗶！」詹森再一次吹

響了哨聲。在漸漸安靜的現場，每個嘉賓都不由自主地活動著僵硬的手指，擦著額頭的汗。「一萬零五百！」第一位嘉賓大聲報出自己的成績，現場瞬間又安靜下來，彷彿剛才的一切都沒發生過，大家都想見證今晚的勝者究竟有多少收穫。「一萬兩千兩百！」第二位嘉賓的成績還不錯，但這顯然不是所有人想要的，在經歷了一個瘋狂的五分鐘後，他們有理由期待更多。果然，「一萬五千八百！」當第三位嘉賓爆出自己的「戰績」，大家都有些躁動，「他數得真快啊！」有人小聲說著。然而，當所有人充滿希望等待第四個答案時，得到的結果卻讓他們跌破眼鏡。「五千！」第四位嘉賓倒是充滿自信，沒有一點怯場。場邊甚至響起了噓聲，不少人心中都升起同一個念頭：我在臺上做得都比他出色。只是沒人注意到，詹森眼中稍縱即逝的驚訝，這在他面對前三位嘉賓的答案時，都未曾有過。

工作人員用點鈔機將三人的「戰果」反覆清點，第一位的嘉賓正確答案是一萬零六百，現場觀眾本能地發出一陣嘆息。第二位應該是一萬兩千一百，更可惜了。第三位竟然是一萬四千八百，大家的感嘆不免有些取笑的意味，差這麼多，嘉賓本人也自嘲地轉了轉頭，嘿嘿一笑。第四位結果是五千，沒錯，不多不少，就是五千元整。詹森宣布：只有最後一位嘉賓結果正確，他是今晚的贏家，拿走五千美元現金。現場的觀眾們都愣住了，他們都在重新審視這個剛才還輕視的對象！幾秒鐘之後，開始有人鼓掌，然後掌聲越來越大，直到最後，全場觀眾起立鼓掌，因為他們突然明白，如果自己真的坐在臺上，恐怕也不能做得更好。

節目結束了，詹森放下麥克風，快步走到勝利者面前，一邊與對方握手一邊說道：「恭喜你，你真了不起！我曾經嘗試過好幾次，但是老實說，我沒你出色！」然後，他擠擠眼，湊到對方耳邊低聲說：「知道嗎？這個節目從開播以來，從來沒有人能拿走一萬元！」

在人生道路上，充滿了各種誘惑，而面對這些誘惑時，你是否曾為了不得不放棄而苦惱呢？古語有云：「魚與熊掌，不可兼得。」畢竟，人不是萬能的，在特定的環境和狀況下，選擇放棄，不失為一種明智之舉。

放棄不一定就是懦弱，有時反而是智慧的表現，是一種超出常人的境界。畢竟人的貪慾永無止境，如果不懂得克制，就會越陷越深，反而知進退、懂取捨，才有可能達到最終的目標，取得最後的勝利。最後一位嘉賓之所以能拿走現金，就是因為他放棄了大多數人希望獲得的「更多的現金」。

當然了，放棄只是一種方式，是為了獲取更大、更好的結果而做出的判斷，並不是遇到任何問題都選擇放棄，沒有原則，沒有勇氣，那就真的會讓所有人瞧不起，最終也只能是一事無成。

## 心理急診室

假如你不幸得了一種怪病，治療的藥物副作用很大，會讓你失去你身上的一個外部特徵，無奈之下你會選擇失去什麼？

A、頭髮。

B、眉毛。

C、睫毛。
D、指紋。
E、指甲。

**診斷結果：**

**選A選項的人：**會選擇放棄愛情。當你遇到緊急情況時，你會選擇放棄扯後腿的愛情，其實你最不稀罕的就是愛情。

**選B選項的人：**會選擇放棄友情。大難臨頭，兄弟情誼已經不能解決問題，所以你會選擇放棄友情，你認為動物世界有共同利益時，就是朋友，把酒言歡，一旦有利益衝突時，所謂的朋友就會反插你兩刀。

**選C選項的人：**會選擇放棄意志力。你很少堅強的面對一切，所以你不相信意志力的力量，所以當大難臨頭時，你首先會選擇將這個鬼東西丟掉。但是這也使處於困境中的你更加恐懼和慌張。

**選D選項的人：**會選擇自尊和道德，當你面臨危機關頭時，你會摒棄一切道德和尊嚴，不擇手段的逃離困境。

**選E選項的人：**會選擇邏輯思維。當你面臨困境時，本來就不理性的你，這時更是沒有任何邏輯思維可言，導致你懷疑身邊的所有人，不會相信任何人，拒絕任何人的幫助，因此你很容易就把自己逼進了死胡同。

## 「我再也不去國外了！」——別人的未必更好

婷婷和小莉是從小一起玩大的好友，兩人一有空就湊在一起，聊那些她們都感興趣的話題。但是這兩年，小莉心中總是有些不平衡，去找婷婷玩的次數也是越來越少了。

原來，婷婷在兩年前找到了一份新工作，一家時尚雜誌社的編輯。本來就十分喜愛流行服飾的她，一下子找到了屬於自己的天地，不但可以名正言順地關注全世界各式各樣的時尚元素，更可以根據自己的創意，將這些元素隨意組合，表達自己的思想。如果說同樣酷愛時尚的小莉對這些還可以坦然接受的話，那麼婷婷雜誌社為員工提供的一項福利待遇可就讓她羨慕不已了，每隔半年，雜誌社都會讓一線編輯去世界各大時尚之都旅行、購物，體驗真正的世界流行風。看著婷婷每次回來大包小包的「戰利品」，每次講述旅行過程時那眉飛色舞的表情，小莉心裡就有種說不出的滋味。所以，不知從什麼時候起，她暗下決心：我也一定要去國外，我也要買各種名牌！

沒想到她的願望很快就實現了。公司的年度獎勵評選下來，一向任勞任怨、工作出色的小莉拿到了一筆意料之外的獎金，還有一週的假期。她毫不猶豫拿這筆錢報了去巴黎的旅行團。然而，當她經過一週「浪漫之旅」後回到家中，與婷婷再次見面時，臉上掛著的笑容卻十分勉強。

原來，小莉的家庭並不是十分寬裕，尤其是她的母親，這兩年隨著年紀增長，身體也不怎麼好了，經常去醫院看病，小莉也就時常將自己存下的一些積蓄貼補家用。而由於步入社會後思想逐漸

成熟，她對流行服飾的追求也只是停留在學生時期的憧憬，這些年自己基本上都是說說看看而已，真要自己花錢去買，還是有些捨不得。所以這次去了法國，當她看到櫥窗裡那驚人的標價時，心裡就有些後悔。但是既然已經來到巴黎，總不能空手而歸。於是找了不少巴黎街頭的打折商店，挑選了一些自己還算喜歡的過季服飾，就算這樣，她的購物預算還是超支不少。

如果僅僅是買不到流行服飾，也就罷了，但是小莉沒想到，她遇到的麻煩比想像的還要多。首先就是食物，吃慣了家鄉口味的小莉，連外地菜都不怎麼喜歡吃，更不要說「法國大餐」了，於是，到了巴黎的第二天起，除了逛商場，小莉每天都在街頭花很多時間尋找中式餐館，到最後兩天，她索性去超市買了兩袋麵包充飢。以致於回到國內後，一聽有人提到西餐，她都會有想吐的感覺。最大的問題還是語言，對她來說，說兩句英語都很勉強，更不要提法語了，於是，在巴黎的商場裡、捷運站旁，為了尋找廁所或者行動路線之類的小問題，小莉總是要找人比劃半天，搞得自己滿頭大汗不說，還因為怕誤解對方的含意而常常提心吊膽。

坐在婷婷面前，看著好友提起法國仍舊滔滔不絕地講述，小莉突然有了一種解脫的感覺，雖然這次法國之行讓她覺得很失敗，但至少也讓她明白了，其實自己根本不用羨慕婷婷。而她也暗自決定，以後，再也不會去國外追尋時尚了。

「鄰居家的草坪總是比較綠」，我們常常會這麼想，可是我們是否也想過，那些草也許不適合我們種呢！有人總覺得「外國的月亮比較圓」，可是他也一定忘了，外國的天空也會有雲彩。

羨慕別人，往往是攀比、虛榮等心理作祟，只看到對方的好處、優點，卻看不到對方的缺點、劣勢，有時甚至是「選擇性失明」，這其實都是不健康的心理狀態。一般人多少都會有些類似的心態，覺得別人的總是比自己的好，但是如果過分在意這種想法，就會使得自己的心態失衡，做出愚蠢的舉動。

其實很多時候，當你真的和對方互換了位置，就會發現，你的假想未必就是真的，就像文中的小莉，當她來到巴黎之後，才發現自己不但無法獲得婷婷那樣的快樂，還損失頗多。所以，「別人的」未必就比「你自己的」更好一些，理性分析，坦然面對，堅持自我，保持自信，才能讓自己頭上的那片天空變得更加晴朗。

## 心理急診室

你是否經常對別人的東西羨慕不已，你是否總希望自己能和另一個人一樣，如果不確定，那就請你拿出一張紙，一枝筆，畫一幅想像中的畫，順便來心理急診室瞭解一下自己的心理吧！

1、先確定這幅畫的背景：

a、一望無際的原野。

b、繁華熱鬧的都市。

c、鬱鬱蔥蔥的森林。

d、蜚聲海外的景區。

2、然後，畫一個你理想中的「房子」，你選擇：

a、寬大的俄式別墅。

b、現代的歐式公寓。

c、簡潔的日式住宅。

d、古典的中國庭院。

3、接著，你希望房子旁邊有什麼公共設施：

a、小型公園。

b、大型超市。

c、中學校園。

d、高級商場。

4、你希望畫中都有誰？

a、只有自己。

b、除了自己還有情人。

c、沒有。

d、自己和很多朋友。

5、如果畫中還有你的交通工具，你願意用哪種車：

a、黑色賓士。

b、金色林肯。

c、紅色法拉利。

d、銀色勞斯萊斯。

6、做為裝飾，你喜歡房子周圍點綴哪種花：

a、溫婉的櫻花。

b、馥郁的鬱金香。

c、淡雅的桃李。

d、豔麗的玫瑰。

7、想要離開這裡，只有一條路，你會選擇將它畫在哪裡？

a、這條路肯定在車輪之下，通向哪無所謂。

b、這條路至少連著房子和公共設施。

c、這條路可以在畫中人的腳下。
d、這條路在花草建築的掩映中通向遠方。

8、如果讓你在畫上留下簽名，你會寫在什麼地方：
a、左上角。
b、右上角。
c、左下角。
d、右下角。

請計算你的得分，並把分數相加，答案在下一頁

第1、5題為a：0分；b：1分；c：2分；d：3分。
第2、7題為a：3分；b：0分；c：1分；d：2分。
第3、6題為a：1分；b：2分；c：0分；d：3分。
第4、8題為a：3分；b：1分；c：2分；d：0分。

**診斷結果：**

0至3分：恭喜你，你不會羨慕任何人，你的心態很平和，你的主張是別人的與我沒有太多關係。

4至15分：你有一點小小的羨慕別人的心理，但是不用擔心，你的羨慕控制在正常值範圍內，沒有往不好的方向演變。

16至22分：你的羨慕心理已經超出了正常值的範圍，可能演變成了嫉妒，所以你需要自我調節一下，否則會更嚴重。

22至24分：你已經不是羨慕別人了，你是典型的嫉妒，而且非常嚴重，所以還是趕緊尋求醫生的幫助吧！

# 木炭搭起的森林莊園——天無絕人之路

年輕的保羅從爺爺手中繼承了祖傳的莊園——森林之家，這個莊園是保羅一家幾代人細心經營的結果，莊園裡種滿了各種花草樹木，保羅對莊園有著深厚的感情，從他有記憶開始，他就生活在這個莊園裡，常常在草坪上奔跑嬉戲。長這麼大保羅幾乎沒有離開過莊園，他也不願意離開莊園，他打從心裡願意守候著這美麗的莊園。

可是上天偏偏要跟保羅開玩笑，而且這個玩笑是非常殘酷的，一場罕見的雷雨摧毀了整個莊園，所有樹木都被燒成了黑黑的焦炭。原來鬱鬱蔥蔥的樹林不復存在，保羅看著眼前的一切，他的心情真是無法形容，都說男兒有淚不輕彈，但是保羅看著家族百年的基業就這麼毀於一旦，失聲痛哭，當傷心過後，他冷靜了下來，想靠自己的努力將莊園恢復原貌，他不想就這麼讓輝煌幾代的莊園沒落。於是，他想起了爺爺生前的那些好朋友，有的是企業大亨、有的是銀行家，在爺爺生前這些人經常來莊園玩，而且也很疼愛保羅，他心想眼前他遇到了這麼大的困難，這些叔叔、爺爺們應該都會幫助自己一下吧！

在一個晴朗的早晨，保羅將自己打扮得很有精神，去見銀行家史蒂芬叔叔，由於前一天已經通過電話，約好今天在辦公室與保羅見面，於是保羅也沒有再打電話，就直接出發去了史蒂芬叔叔的辦公室。可是，當保羅到了辦公室時，卻被門口的祕書攔下了，保羅向漂亮的女祕書表明了來意，本以為女祕書只是例行詢問一下，可是女祕書卻一臉惋惜地說：「對不起，保羅先生，史蒂芬在兩個小時前已經搭飛機去外地出差了，他讓我轉告你，他非常抱歉。」保羅聽到這樣的回覆，非常吃驚，史蒂芬叔叔怎麼可以這樣呢？明明約好了，又臨時變卦，於是保羅只能非常失望地走出了史蒂芬叔叔的辦公室。

保羅不甘心，除了這個叔叔，他還有好多可敬可愛的長輩，於是他又打電話約其他的爺爺、叔叔們，但是都沒有成功，不是說沒時間，就是目前在外地出差，總之保羅沒有得到任何一個人的幫助。他徹底灰心了，第一次體會到了什麼叫人走茶涼，爺爺在世的時候，這些人都巴不得每天過來見爺爺，現在爺爺去世了，莊園又遭受了大火，他們卻沒有幫忙的意思。保羅整天愁眉苦臉的，好像一下子老了十歲。

這時，遠在其他州年近百歲的外婆知道了保羅的處境，專門過來探望保羅，老人家一見到保羅變成了這樣也十分心疼。老人家對保羅說：「孩子，不要光待在家裡，出去走走，也許會有新的發現。」

於是保羅聽從了外婆的建議，去市區散心去了，當走到一條商業街上，他看到了好多人圍著一個婦人在買東西，保羅擠過去一看，才知道人們正在爭相恐後地買木炭，保羅好像觸電一樣，突然歡呼著回到了莊園，找來了好多加工木炭的工人，已經被燒焦的樹木一下子變成了可以賺錢的木炭，大量的木炭銷售出去後，保羅手裡有了不少錢，於是他又重新買了樹苗和各種花草，將莊園恢復了原貌。

一堆燒焦的木炭，就可以換來一座新的森林莊園，似乎有點不可思議，但卻告訴我們一個生活中確實存在的道理：當你看似身陷絕境、進退無路的時候，其實機會就在你的身邊。人生在世，雖然諸多無奈，但真正所謂的「絕境」，幾乎是不存在的，大多都是人們自己在心中套上了枷鎖，才看不到近在咫尺的機會。

「上帝為你關上一扇門的同時，就一定會再為你打開一扇窗！」當你遭受重重打擊，自覺難以翻身，當命運之門連連關閉，讓你走投無路，你所欠缺的，並不是能力，而是再堅持下去的決心和勇氣，可能還有一點點小的運氣。楚霸王項羽破釜沉舟大勝秦軍，司馬懿逃出奇門遁甲最終擊敗諸葛亮，都是如此。

所以，那些所謂的「絕境」都是懦弱者為自己所找的理由，他們放棄努力、放棄希望，同時也就放棄了自己。而如果你在這時候擦亮雙眼，勇敢探索，就會發現，其實腳下的路，還有很多條。我們都知道，黎明前的黑夜是最黑最冷的，無數人在這時候都會選擇放棄，但當你自己可能都以為無法再堅持下去時，抬起頭來，就會看到天邊那最美的朝霞。

## 心理急診室

當有一位年輕的女子向你問路，而她想去的方向正好和你的相同時，你會怎樣？

A、跟她說方向相同，並邀請一起走。

B、告訴她怎麼走，然後在後面跟著。

C、默默地帶著她到達目的地。

D、告訴她怎麼走，自己選擇另外一條路。

**診斷結果：**

**答案A：**你是個善於利用機會的人，並且你做事向來很負責，懂得尊重別人，能夠設身處地的為別人著想。

**答案B：**你是個懂得適時把握機會的人，你會把別人的事情和自己的事情分的很清楚，但是當你指導別人時，不會告訴完方法就不管了，你會默默關注直到它成功，正因為如此，你得到了很多成功的機會。

**答案C：**你是個不太會把握機會的人，是只顧自己、無視別人困難的人，一味的強求別人，因此你會有很多敵人，但是你的做事的態度很強硬，因此也會有一些人跟隨你，是典型的政治家類型的人。

**答案D：**你是個根本不會把握機會的人，你意志軟弱，每當別人重視妳時，你就會感到厭煩，你沒有朋友也沒有敵人，在別人看來你是個獨特的人。

# 第四章

# 心有陽光，無懼風雨！

## ——每個人都有陽光面

柏拉圖說：「好的心理是一劑良藥，能催人奮進。」想要在艱難困苦中揚帆前行，積極健康的心態是永遠也不能少的。生活就像一面鏡子，能真實折射出你心中的每一片閃光，當你慢慢將它們聚集在一起時，你就會發現，其實你捧著的是一個太陽。

# 深谷埋英魂——博愛

在喜馬拉雅山雄渾的身軀上，有一條小黑線，線上串著幾個黑點，以肉眼無法分辨的速度，沿著山脊的方向，緩慢前行。沒有時間，沒有姓名，陽光下傳來冰靴沉重的悶響，還有安裝安全工具時與山上岩壁碰撞的聲音。鏡頭再拉近一些，能看到五位裝備十分專業的登山隊員。看樣子，他們應該很熟悉，五個人協同前進，動作熟練而有默契，沒有更多言語，也沒有一點猶豫。而他們的目標，應該就是眼前那座世界高峰。

就像機器一樣，他們在山坡上機械地重複著自己的動作，除了偶爾在帶領者的授意下停下來歇歇腳。雖然被厚厚的防護服包著，看不到他們的臉，但能感覺出每個人都已經十分疲憊了。厚重而高大的身形都有些微曲，藉助一切機會放鬆自己，節省每一點可能浪費的體力。儘管如此，每個人還是呼呼直喘，拼命將極其稀薄的空氣吸入喉中。只是，沒有人退縮，因為，他們的目標是如此清晰，如此接近。

寒冷、缺氧、疲勞這些似乎都不能阻止他們的步伐，他們對大自然毫無敬畏，堅持要將最高山峰踩在腳下。終於，喜馬拉雅山的山神不能忍受了，他要讓挑戰自己的勇士們見識到自己的厲害。天空轉眼布滿了陰雲，陽光已經被凜冽的狂風吹得蹤影全無，漫天雪花不再是浪漫的代表，而是像一把把小刀，蹂躪著隊員們裸露的皮膚。隊員們靠得更近了，他們知道這是真正的生死考驗，粉身碎骨還是夢想成真，就看這時候能否堅持住了。隊長走到一個他覺得還算穩固的地方，又多打了兩個安全裝置，固定好繩索，示意大家止步。每個人都祈禱暴風雪盡快離開，但上天彷彿故意在拿他們出氣，風更疾，雪更大。

終於，有人支持不住了，可能是體力到了極限，走在最中間的隊伍中唯一的女性，腳下一滑，直奔山下。沒等所有人反應過來，在安全繩索的帶動下，一隊人都被扯到了崖壁上。還好有臨時固定裝置，隊長心裡暗嘆。大家像風鈴一樣，在山邊蕩來蕩去，但是每個人心裡都充滿了緊張和恐懼，沒錯，這回是真正的命懸一線。但是，很顯然，五個人的重量是保險裝置無法承受的，他們心裡都明白，這條繩子上，最多只能活下三個人。最下面的隊員沒有絲毫猶豫，他拿出了掛在腿上的匕首，微笑著面對自己的朋友，揮手割斷了繩索。

黑影很快就消失在風雪中，所有人都震驚了，緊接著就是心中的劇痛，尤其是隊長。這難道就是宿命嗎？一定還有機會！每個人都這麼想，都不願放棄。但是當他們盡最大所能，努力著爬上來時，發現那不過是一廂情願。抉擇權交到了第四名隊員，放棄自己抑或全軍覆沒？他猶豫地抽出刀，心裡最後的一絲希望也隨之被抽取。他們雖然不是手足，但曾經親如一家，真不甘心就這麼離開啊！終於，他拼盡全力，大喊道：「我愛你們！」隨即砍斷繩索，墜入深谷。女隊員再也壓抑不住心中的波瀾，淚水奪眶而出。在上面，隊長也不由得發出一聲嘆息。

不知過了多久，災難終於過去。他們堅持下來了，因為他們心中的那份堅持有愛支撐。一爬上山坡，所有人都如爛泥一般癱倒。隊長耳邊還迴繞著那句「我愛你們」，伴隨著輕輕地啜泣。良久，

他抬起頭拍拍另兩人的肩膀，起身向頂峰繼續邁進，腳步堅定，沒有畏懼。他們似乎能感覺到，在他們身後，另兩位隊員，正與他們一起，堅定向前！

博愛，是一種偉大的情懷。它是位於寬廣的心胸和善良的品德之上的。平等、無私、有愛，是博愛的直接表達。並不一定像故事中生死抉擇時才會有博愛，生活中一點一滴的小事，也會有博愛的精神閃光。無私的援手，善意的幫助，都是博愛的表現。

論語有云：「不獨親其親，不獨子其子，老吾老以及人之老，幼吾幼以及人之幼。」墨家也有「兼愛」一說。可見博愛的思想在中國自古有之。它是一種寬容，更是一種尊重。在現代社會中，人與人相處往往充滿了利益交換，卻少了一份真心誠意，這種博愛之心更是變得稀有。需知只有心中充滿仁愛，才能使自己變得真正強大。

## 心理急診室

如果你看到一部停放在草原上的汽車，你認為會是誰開來的？

A、為了談判分手事宜前來的男女。

B、是一個為了擺脫煩惱的女人開來散心的。

C、一個為了美麗的風景停下來拍照的男人。

D、正在樹蔭下親熱的情人。

E、來這裡露營的男男女女。

## 診斷結果：

**答案A：**你現在可能已和男（女）朋友分開了，也可能是沒有戀愛經驗的人，所以你最喜歡看到吵架的情人，身邊濃情蜜意的幸福傢伙們會被你討厭。再這樣下去，你恐怕真的要做一輩子的單身貴族了。

**答案B：**你做事從不拖泥帶水，是一個十足的行動派，想到什麼就立刻去做。但是這樣的舉動會很容易帶來麻煩。

**答案C：**現在的你顯然才剛剛從失戀的痛苦中走出來，因此你全心投注在工作上的心血，遠比戀情要多得多。另外，你也可能是個厭惡異性的人，你會因為別人和你親密的伴侶多說兩句話就氣得半死。

**答案D：**和她（他）一起外出旅行或任何可以獨自相處的機會，是你現在最想做的事情，然後進一步和她（他）親吻等。不管你是正在熱戀的幸運兒，或是很久沒和異性相交的可憐蟲，現在的你熱情如火，渴望有肌膚之親。

**答案E：**你是個典型的博愛主義者，你不甘於只和一個人交往，也是那種喜歡在大庭廣眾之下大聲喧嘩，以引起旁人注意的人。因此咖啡廳、卡拉OK、PUB一定是你常駐足的地方。

# 「先生，你的錢掉了！」——善良

有一個法國人，他的家裡有七個孩子，由於家中人口多，負擔大，所以生活有些困難，但他總是努力掙錢滿足孩子們的願望，每當看到自己的孩子滿足的笑容，看到一家人其樂融融圍坐在小屋中，他的心中就無比自豪。

一日，國內一家著名的馬戲團來到了他所在的小鎮，進行巡迴表演。孩子們聽到消息，就纏著他不放手，要去看表演。馬戲團表演應該不是很貴吧？他心中猜測。和妻子一起帶著七個孩子，來到了馬戲團表演的劇場前，這裡已經排了很長的隊伍。一邊照顧自己七個可愛的孩子，一邊排隊的過程有些辛苦，但總算輪到他了。「你好，我需要七張兒童票和兩張成人票。」父親一邊說著，一邊伸手去摸自己的口袋。「四十法郎！」售票窗口傳來一個冰冷的聲音。父親的身體瞬間僵硬了，臉上露出一絲驚愕，一絲尷尬，伸向口袋的手也好像再也拿不出來了。他的妻子有些沉不住氣了，似乎不相信自己的耳朵，又問了一句：「你說多少？」「四十法郎。」聲音還是那麼僵硬，不帶一點感情。但是妻子明白，丈夫的口袋中只有這個月剩下的十法郎，這點錢還是他們省吃儉用存下來的。

「怎麼會這麼貴呢？」她低頭碎碎唸著，也不知該如何是好。售票窗口傳來的聲音有些不耐煩了：「那你們究竟是買還是不買呢？」父親的臉漲得通紅，看著在旁邊苦苦巴望著劇院門口的孩子們，他實在不知道自己該怎麼辦。大腦一片空白，張著嘴卻說不出話：「我、我……」

「先生，您的錢掉了。」一個紳士般的聲音如天籟之音將他拉回了現實，身後有人拍他。轉過頭來，一個身材瘦高的中年人，面色和善，衣著得體。他帶著善意的微笑，指著地上的一張五十法郎的紙幣，重複了一遍剛才的話。父親更加困惑，他清楚地知道這筆「鉅款」並不屬於自己。猶豫著撿起錢來，又看著對方清澈的目光，一瞬間，父親恍然大悟，趕緊買了票，然後讓自己的妻子帶著孩子們蹦蹦跳跳進了劇場。

站在隊伍旁，等待著剛才那位男子，父親心中百感交集。除了感動，還有些疑慮。很快，那個人來了，而他也沒有掩飾，道出了自己的疑慮：「謝謝你，先生。不過我想，我們並不認識，你為什麼要幫我呢？」對方還是那麼坦誠，沒有任何隱瞞，回答道：「因為你的孩子真的很可愛。而我，不想看到一位父親讓他的孩子們失望。我也是一位父親，那種滋味我能理解。」父親的眼眶中滲出淚水，握著對方的手說不出話。良久，才再次道謝：「謝謝你，先生。你真是一個善良的好人。」

盧梭說過：「善良的行為使人的靈魂變得高尚。」善良是人具備的優秀素質，從自然的角度來講，是美好的，從人的角度來講，是高尚的。人性本善，每個人與生俱來都會有這種素質存在，古代就有「人之初，性本善」之說，只是在現代社會中，人們漸漸被物慾左右了方向，漸漸埋沒了心中的美好，使其發光的機會越來越少。

以善為本，樂於助人，是一個人立業修身的基本，也是獲得快樂的最佳途徑之一。故事中的中年男子，就是經由一件小事「行善」，不僅讓一家人獲得了快樂，也讓自己心中的那汪泉水更加清澈

甘甜。與人為善，你會發現與人交往將變得容易，心存善念，你更會感覺到心中充滿陽光。

「一個人做點好事並不難，難的是一輩子做好事」，善良並不是心血來潮，偶爾為之，它是堅持在心中的一種信念，它會讓你在任何需要幫助的人面前伸出援手；「勿以善小而不為」，善良更不是非要感天動地，驚世駭俗，有時候一句安慰話語、一杯清水，就會給人莫大安慰，帶給你的愉悅也遠勝於付出。

## 心理急診室

假如有一天你和情人大吵了一架，為了緩和氣氛，隔天情人請快遞送來一個箱子，憑你的直覺，會覺得裡面會是什麼東西呢？

A、昂貴的皮件。

B、一定有詐，可能是大便。

C、過去的情書、禮物。

D、空箱子。

E、溫馨的小禮物。

**診斷結果：**

**答案A：**你的溫柔指數40%，屬於長得很善良型，在別人眼裡，從外表看來你很恐怖，其實那些都是你偽裝的，真正善良與否得看以後的造化。

**答案B：**你的溫柔指數55%。你是需要因人而定是否善良型，常常會因特定的人和事物而激發出善良的一面。這個類型的人主張害人之心不可有，但防人之心不可無，所以這類人的防衛心較重。

**答案C：**你的溫柔指數99%。這類人是天生善良型，在大家眼裡就是上帝派來的小天使，但是需要提醒一句，在善良之餘也要小心不要被人家騙喲！

**答案D：**你的溫柔指數20%。這類人屬於年度善良型，大概一年才會做一次善事，這類人猜忌心相當重，有時候想太多，所以生活會覺得很累。

**答案E：**你的溫柔指數80%。屬於後天善良型，這類人潛在的慧根會讓他們愈老愈善良，受到宗教或朋友的影響而激發潛在的善良本性。

## 狄摩西尼的神話——自信

西元前三八四年，在希臘雅典一個武器製造商的家中，有一位嬰兒呱呱落地，所有人都很喜愛這個小男孩，並祝福他健康平安，長大後有所成就。然而，恐怕在場的人都沒有想到，這個孩子經歷了他們都沒有想到的艱難困苦，他就是狄摩西尼。

在小狄摩西尼人生的最初幾年，他的生活真的很幸福。在那個富有的家庭中，小少爺就是眾人關注的焦點，是大家呵護的對象，一切都很美好，除了他略微孱弱的身體。

然而，到了他七歲那年，晴天霹靂，驚醒了他童年的美夢。父親突然去世了，巨大的打擊讓少不更事的狄摩西尼不知所措，心中只有悲痛縈繞。然而，接下來的事給他的打擊更是直接而致命的。本應該由他繼承的鉅額遺產，被已經改嫁的母親串通奸人，巧取豪奪，洗劫一空。瞬間，昔日那個衣食無憂的少爺，成了一個身無分文的孤兒。

儘管堅強地活了下來，但天生的孱弱身體再加上長期地顛沛流離，讓剛剛長大的狄摩西尼更加困頓。他體弱多病，沒有接受過良好教育，又無依無靠，看起來前途渺茫，更不要說有什麼成就。然而，多年的困境不但沒有磨滅他堅強的意志，反而讓他在複雜惡劣的環境中萌發了強大的信心和奮鬥精神。一次偶然的機會，讓他瞭解到了童年時家中巨變的真相。於是，他決定靠自己的努力討回屬於自己的一切。可惜，站在法庭上，狄摩西尼才發現這一次他面對的困難，似乎更甚以往。不光說他沒有訴訟經驗以應對法庭的正常審判，就是法官給他機會，讓他發表自己觀點與對方辯論，他都無法做到。因為，他口吃。

在眾人或嘲笑或同情的眼光中，狄摩西尼走出了法庭，沒有人相信，此刻他已經下定決心，終有一天，他會重回這裡，贏回屬於自己的一切，包括尊敬。口齒不清，他就含著石子練習發音；氣息不足，他就每天爬山練氣；氣勢不夠，他就每天對著鏡子演講。日復一日，年復一年，含著的石子磨得嘴裡滿是血泡，疲憊不堪的雙腿站在鏡子前都難以支撐，身邊的人也都勸他放棄，但都沒有動搖他堅持到底的決心和信心。終於，當他再一次站到法庭上時，乾坤倒轉，他舌粲蓮花，氣勢如虹。對手被他辯駁得體無完膚，一敗塗地，不得不將屬於他的財產交還給他。

狄摩西尼不但贏回了財富，更贏得了尊敬。他才思敏捷，辯才驚人，經常像律師一樣幫人在法庭上贏得勝利。很快，他聲名傳遍全希臘，人們將他視為意見領袖，在他的帶領下，與馬其頓侵略者進行了長達三十年的抗爭。他的演說稿金冠辭至今仍是辯論者必學的經典辯詞。

毛澤東詩詞中曾有：「自信人生兩百年，會當水擊三千里」的句子。那麼，什麼是自信呢？簡單說，就是一個人對自我的肯定和積極的預期心態。相信自己，就是自信。它不僅包括相信自己能做好一件事情，能取得一些成就，更重要的是有一種積極性。這種積極性不光對自己，對他人、對環境也是一樣的。自信是人成功的基礎，就好象狄摩西尼，即使情況再糟糕，也不能喪失自信。如果你連自己都不相信，那又會有誰來幫祝你改變現狀呢？

自信的反面是自卑，自信的前面是自負，這兩種情緒也都是人類最常見的弱點，如何避免自卑與

自負，建立真正的自信，對一個人來說，雖然很難，卻很重要。尤其是自信與自負的關係，稍有不慎，即會出現偏差。中國古代的楚霸王項羽勇武過人，指揮有方，可謂是百戰百勝。但正是因為他自信過了頭，剛愎自用，不聽勸諫，才最終導致烏江邊橫劍自刎一幕的發生。

要建立自信，需要注意幾個方面，首先要有積極寬容的心態，要善於發現自己和周圍環境中的積極因素。其次就是要主動迎接挑戰，大膽嘗試，不要怕失敗，只有試過了才會發現自己哪裡行，哪裡不行。最後，要從細節入手，鍛鍊自己，比如走路要抬頭挺胸，說話要聲音洪亮、正視對方，要勇於在人多時發表自己的見解等等。慢慢的，你就會發現，自信的感覺真的很不錯！

## 心理急診室

某天，你看到公司新進的四個人員來報到，正好他們走在一起，如果要你選擇的話，你認為最早能夠出人頭地的人會是誰呢？

A、身材普通，略顯胖的男性。

B、最高的男性。

C、最矮的男性。

D、中等身材的男性。

**診斷結果：**

**答案A：**你是個樂天派，生活不拘小節，雖然你身上有潛在的自卑因素，但這並不影響你隨時都有開朗的想法，在別人看來你是個沒有太多煩惱的人。

**答案B：**你強烈的想徹底改變自己，因為你對自己的體態非常沒自信。因為你過於自卑，所以在你心裡總是有做任何事都無法成功的強烈感覺，但還總是羨慕成功的人。

**答案C：**你雖然有自卑感，但是自卑感反而成了你的踏板，激勵你不斷進步。你總是有利用逆境的能力，你一旦身處逆境，就能夠將逆境化為動力，激發出幹勁。

**答案D：**你雖然沒什麼自信，但也不會感到自卑。你重視的是實力，而不是外在形象。這個類型的人大都走向平凡的人生之路。

# 襯衫上那朵盛開的小花——寬容

快到元旦了，嘉惠的媽媽給她買的一件新洋裝，白底淺藍花紋，再加上一件紅格子背心，看起來又帥氣，又精神，照過鏡子，嘉惠高興地抱著媽媽，還親了媽媽一下！

第二天她就穿著新衣服去學校了，不但吸引了不少同學的目光，還有些人更是當面誇她的衣服漂亮，不禁讓嘉惠心中得意。可是樂極生悲，沒過半天她就笑不出來了。這節課寫作文，嘉惠正在謀篇佈局之中，不料聽到同桌阿明驚叫，她心中一揪，下意轉頭看向旁邊。不出所料，阿明那枝早就該淘汰的破鋼筆，筆尖掛著墨滴，肯定又是他的筆不出水，他到處亂甩出了問題。但看著對方瞪大眼睛看向自己胸前，嘉惠猛然醒悟，低頭一看，背心下潔白的洋裝上，已經多了一灘墨跡。她頓時覺得心火上沖，抬頭怒視阿明。阿明也嚇壞了，他父母都被公司裁員了，家裡經濟狀況很差，一看自己弄髒了嘉惠的洋裝，整個人都傻住了，他雖然不知道這件洋裝值多少錢，但他知道自己家要賠這麼一件衣服，父母肯定會非常難過。直到看見嘉惠眼中的淚水，他才反應過來：「嘉惠姐，對不起，我不是故意的，真的！」阿明兩眼鼓著，情急之下連姐都喊出來了。他不說話還好，這一開口，嘉惠就覺得自己受了莫大的委屈，淚水奪眶而出，嘴裡還不停地嘟囔著：「這可是我媽新買給我的，這可是新買的⋯⋯」看著嘉惠如此難過，阿明也是手足無措，為了彌補自己的過失，他只好徵求對方的意見：「嘉惠，不然我幫妳洗吧！我也知道鋼筆墨水不好洗，但妳讓我試試吧！要是真的洗不乾淨，我就再買一件賠妳。」「我才不要呢！」嘉惠一賭氣跑出了教室，身後只留下匆匆追出的老師的目光。

晚上回到家，嘉惠就擔心媽媽看到會責怪自己，進門時畏畏縮縮，還特意用書包擋住胸前的墨跡。媽媽對愛女反常的表情又怎會看不出來，拿過書包，就明白了嘉惠的小心思。但她並沒有責怪女兒，而是笑著說：「衣服髒了沒關係，先吃飯，吃完再跟媽媽說說怎麼回事。」看到媽媽如此反應，嘉惠的心情才略微好轉，勉強吃了些飯，就打算回房去寫作業。結果母親叫住了她，問她到底出了什麼事。一屁股坐在沙發上，嘉惠將白天發生的事詳細講了一遍，最後還不忘發洩一句：「這個阿明，實在是太可惡了，我明天就跟老師說，再也不要和他坐同桌了！」微笑著撫摸著女兒的頭，母親並沒有說什麼，過了一會兒，她就叫嘉惠回房早點休息了。

次日一早，睡了個好覺，嘉惠的心情好多了，洗漱完畢回到客廳，發現自己的洋裝擺在茶几上，旁邊還有張紙條。拿起一看，原來是媽媽留的：「孩子，看看媽媽繡的花漂亮嗎？我可是好幾年都沒再動過針線了。同學之間難免會有衝突，解決問題、消除衝突才是你們正確的選擇，不懂原諒、激化衝突，那你們以後又該如何相互面對呢？記住，寬容是一種美德！」拿起洋裝，看著上面那一朵娟秀的小花，又哪看得出昨天那還是一片討厭的墨跡了。穿好衣服，背起書包，嘉惠決定要趕快趕到學校，此刻，她最想做的事就是對阿明說：「衣服的事，沒關係。過去的都已經過去了，我們和好吧！」

寬容，一個崇高的辭彙，它代表了人類最高尚的一種品格，擁有一顆寬容的心，將會使人更容易忘記煩惱，變得心胸開闊，氣度非凡。不光對自己，對你身邊的人也一樣會帶去溫暖的光輝。

寬容是一種智慧，更是一種境界。雨果說過：「最高貴的復仇是寬容！」在紛繁緊張的世界中，誤解、煩惱甚至吃虧都難以避免，即使不要求每個人都去以德報怨，就算是保持一種平和放鬆的心態，面對每一次考驗，都很難做到。但是一旦你做到了，不論是身體還是心理，獲得的回報往往也是會超出預期的。

要想學會寬以待人，至少要嘗試做到以下三點：首先，不要急著「否定」對方，你看到的未必就是真的，對方是否犯錯，或者是否對你做了什麼，有時可能並非你想的那麼簡單，先懷疑，再確認，弄清事實，總是沒有錯的。其次，即使問題真的出在你的「對面」，也要試著理解對方，人非聖賢，別人那麼做肯定也會有他的理由，嘗試著理解甚至原諒對方，時間一長，你就會發現，其實沒那麼難。最後，就是要加強自制、自律能力，為了別人的行為，在衝動之下讓自己付出更大代價，這顯然不是明智的選擇，看透這一點，你的心中就很難再為別人的錯誤或冒犯而風起雲湧了。

## 心理急診室

假如你是一個王子，被可惡的巫師詛咒了，有四種命運等著你，那麼你會勉強選擇哪一種呢？

A、每到月圓就變成狼人的王子。

B、一打噴嚏就變成大公豬的王子。

C、一生氣就變成黑猩猩的王子。

D、一碰水就變成癩蛤蟆的王子。

## 診斷結果：

**答案A：**你對另一半生活中的壞習慣會很寬容。這種類型的人有自己的生活原則，生活上懶一點或調皮一些沒關係，小事搞砸也沒關係，有時候會覺得滿可愛，並且還可以為生活增加一些情趣。但大方向要抓住，任何小毛病或壞習慣，睜一隻眼、閉一隻眼，大家開心就好。

**答案B：**你會對另一半愛亂搞曖昧很寬容。主要是這類人太愛對方了，所以總是睜一隻眼、閉一隻眼，如果真的被你抓到另一半亂搞曖昧的話，只要對方跟你道歉，你還是會原諒的。所以選這個答案的朋友，對方會一直讓你很傷心。

**答案C：**你會對另一半的賺錢能力很寬容。這類人總是覺得另一半只要很認真、很努力，其實賺多少錢並不重要，你需要的是只要他很愛你，你很願意兩個人可以一起打拼，會覺得這種感覺就很實在。所以選這個答案的朋友，你的能力很強，另一半也很努力，你覺得這樣很好，你的寬容度就是在賺錢能力上。

**答案D：**你會對另一半很嚴格，絕不可能寬容。因為這類人對自己是非常非常嚴格的，所以對另一半也非常嚴格，就像一個老師或是一個教官，無論是工作能力、賺錢能力還是人際關係，你都會嚴格要求對方，甚至是家庭中的任何細節你都會非常嚴格，另一半常常會感覺喘不過氣來。所以選這個答案的朋友，你要小心另外一半可能受不了。

# 父愛創造的醫學奇蹟——堅持

海上的日出永遠是那麼美麗，旅途中疲憊不堪的人們看到這一幕，總是會神情不由得一振，繼而對新的旅程充滿希望。今天也不例外，這裡是大西洋，一艘由歐洲開往美國的遊輪上，時間是距今半個多世紀以前。數日航行，大家精神上都有些疲憊了，一大早很多人都來到甲板上透氣，一邊欣賞動人的美景，一邊竊竊交談著旅途中的感受。

在船頭的一角，有一對父女，也來到甲板上活動。小女孩眉清目秀，唇紅齒白，長的非常可愛，站在那裡拉著父親的衣角，配合著海浪起伏搖來搖去，在這寧靜的早晨享受著自己「發現」的小樂趣。一邊搖，小女孩一邊問：「爸爸，我們還要多久才能見到媽媽啊？」聲音清脆悅耳。「三天，寶貝，只要三天，我們就能見到妳媽媽了。」父親一邊給手裡的蘋果削皮，一邊回答著女兒的提問，偶爾停下來，望向前方，眼神中滿是溫柔。

就在這對父女想念遠在美國的親人之際，意想不到的噩夢降臨了。暴風雨像是從魔術師的手中被突然拿出來，布滿了全世界一般，父親手中的蘋果剛剛削好，海上便已狂風大作，波濤起伏，一個巨浪打來，父親用雙手抱住了孩子，摔倒在地，鬼使神差，那把削水果皮的刀還在手裡。趴倒在地的那一剎那，男人的臉凝固了，他的眼神中滿是痛苦與不甘，但他還是努力保護著懷裡的小女孩，避免她受到傷害。

暴風雨來得急去得也快，很快世界又恢復了風平浪靜。看到父親慘白的臉色和額頭不知是雨水還是汗水的水珠，小女孩嚇壞了，她急忙問道：「爸爸，你怎麼了，爸爸？」「沒事，孩子。」男人若無其事道：「別怕，爸爸沒事。妳先回船艙裡去，爸爸馬上就來。」女兒很聽話，點點頭和其他遊客一起走進船艙。趁沒人注意，男人將胸口的小刀拔了出來，沒錯，就是那把水果刀，插進了他的心臟。但他沒有死，繼續在船上照顧著自己年幼的女兒，用盡最後的心血，直到三天後。

小女孩並未注意到爸爸的臉上已經幾乎沒有血色，也沒有注意到爸爸的額頭布滿汗珠，她只是感覺到爸爸似乎有點不高興，於是問道：「就要見到媽媽了，您不開心嗎？」父親用盡全身力氣擠出一個勉強算是微笑的表情，慢慢說道：「開心，孩子，我非常的開心。但是，我希望妳幫我跟媽媽說一句話。」「什麼話呢？您為什麼不自己說？」女兒不解道。輕吻了一下女兒的額頭，父親說出了最後的心願：「記得跟媽媽說，我愛她，孩子。」

在紐約港，一對母女滿含淚水，在醫生的幫助下，將孩子父親的遺體接下船，運回醫院。消息傳開，眾多醫學專家雲集一堂，大家瞭解了事件的經過後，紛紛表示這就是一次奇蹟，一次令人難以置信的醫學奇蹟。至於奇蹟的命名，則眾說紛紜：死者的姓名、大西洋、上帝都被搬了出來，場面十分熱鬧。一位沉默很久的老教授突然起身，伸出雙手示意大家安靜，然後，飽含淚水，鄭重地說道：「這個奇蹟只有一個名字，那就是──父親。」

堅持是人最可貴的素質之一，也是人最難實現的心理活動。「堅持就是勝利」，誰都知道，但又有幾個人能真正堅持下來呢？先賢孟子曾有云：「故天將降大任於斯人也，必先苦其心志，勞其筋

骨，餓其體膚，空乏其身，行拂亂其所為，所以動心忍性，增益其所不能。」古羅馬詩人奧維德也曾說過：「忍耐和痛苦雖然是痛苦的事，但卻能漸漸的為你帶來好處。」

可見堅持雖然困難，但卻是人最寶貴的心態之一。而堅持的結果，就是會為你帶來真正寶貴的收穫，愛迪生鍥而不捨，終於為現代世界帶來光明，王羲之勤練不輟，終於成為一代「書聖」，而上面提到的那位偉大的父親之所以能創造如此奇蹟，也正是靠它超越常人的堅持。

法國人有句諺語：一個人到了再也走不動的時候，他仍然能走很長的一段路。當你覺得自己就要不行了的時候，請再堅持一下！

## 心理急診室

1、當你看到朋友或者同學發生爭吵時，你會？

A、不理睬，任由其發展。

B、根據實際情況而定。

C、給予勸解。

2、知道你個性的人，會經常為你做事的決定感到吃驚嗎？

A、是。

B、不一定。

C、否。

3、你喜歡從事需要經過長期實踐得到精湛技術的工作嗎？

A、是。

B、不一定。

C、否。

4、你覺得與主管關係好比工作表現好更重要？

A、是。

B、不一定。

C、否。

5、每當需要做一件艱難的工作時，你總會？

A、提前做好充分的準備工作。

B、不一定。

C、相信「車到山前必有路」。

6、你總是把業餘時間安排的很好，不浪費一點時間？

A、是。

B、不一定。

C、否。

7、你不容易在別人面前承認錯誤或是接受批評，雖然你知道自己有缺點？

A、基本如此。

B、有時如此。

C、從不如此。

8、善始善終是你的生活原則？

A、是。

B、不一定。

C、否。

9、你認為沒有盡善盡美的事，所以你做事情從來不追求完美？

A、是。

B、不一定。

C、否。

10、你向別人借東西總是能夠保持的完好無損，有借有還？

A、是。

B、不一定。

C、否。

**計分說明：**

第1、4、7、9題，A計0分，B計1分，C計2分，其他的均是A計2分，B計1分，C計0分。

**診斷結果：**

10分以下：你是個缺乏毅力和恆心的人，惰性很大而且做事經常半途而廢。在別人眼裡，你是個非常不負責任靠不住的人。這個類型的人很需要培養自己的恆心，加強意志力。

10～15分：你是個缺乏持之以恆精神的人，遇到困難很容易就打退堂鼓，對自己缺乏嚴格的要求，得過且過，總是把不求完美但求無過當成理由。只有克服你現在的不足，才能成為更優秀的人。

16～20分：你是個事事苛求完美的人，你的毅力和恆心都很強，對自己的要求也很嚴格，辦事從來都是精益求精、善始善終、勇於承擔責任，在大家眼中你是嚴謹可靠的人。

# 快樂的樵夫——知足

有一個樵夫，三十幾歲了還是光棍一人，主要是因為他家裡窮，自己除了砍柴、賣柴，什麼手藝也沒有，父母走得早，更是沒給他留下任何遺產。每天回到自己那間破舊的小柴屋，樵夫也不多想，吃過飯倒頭就睡，第二天一大早，再上山砍柴。

鎮上有不少人都認識樵夫，因為他每天來鎮上賣柴，都是樂呵呵的，不時還要唱幾句山歌，惹得不少路人圍觀。而他砍的柴，也就在他唱完後，被需要的人買走了。鎮上的人也都很喜歡他，知道他是個好人，生活得很快樂。

有一日清晨，樵夫唱著歌上山砍柴，發現前面樹叢中好像有動靜，就小心起來。趴在地上看了半天，他大吃一驚，原來今天來的這個地方，前面竟然有一個山洞，以前不常來，還真的沒注意到。此刻，山洞前有人正在將一罈金銀往裡抬，看樣子真的有不少財寶。再看那個人，身材魁梧，面露兇相，一看就不是什麼好人。遇到強盜了，樵夫心中想到。於是，他靜靜趴在那，一動也不敢動。等了好久，看到對方離去，他才大著膽子向前走去。原來，有一片矮樹將洞口堵住了，再加上強盜臨走時將附近樹上的枝葉拿過來遮掩一番，不走近看還真的很難發現。小心翼翼走進去，他大吃一驚，原來這裡是那個人私藏贓物的地方。除了剛才他看到強盜搬進來的那罈財寶，裡面還有好幾罐呢！

看著看著，樵夫突然警覺，萬一對方回來了怎麼辦。於是，他也沒多想，在一個角落的罎子裡拿了兩錠金子，就匆匆離去了。樵夫用這些錢在鎮上買了房子，開了間小店，還娶了媳婦，日子過得越來越好，每天更樂意在街邊多唱會兒歌了。看著樵夫突然轉運，他的新鄰居陳二就動起了心眼。陳二是鎮上有名的富戶，以前也偶爾買樵夫砍的柴。這小子怎麼突然就有錢了呢？他越想越奇怪。有一日，他將樵夫請到家裡喝酒，有意讓樵夫多喝了些。看著對方已經喝醉，陳二就開始套話。聽著已經快要滑到桌子底下的樵夫說出事情的原委，他真的又驚又喜，趕緊問明了具體地點，雖然對方說的含含糊糊，但久居此地，他倒也聽出個大概。

送走了樵夫，陳二就睡不著了，他生怕自己一覺醒來，就忘了那個地方。要不是夜黑不好找路，他恨不得現在就飛上山。第二天一早，憑著印象在山上找了大半天，還真發現了樵夫說的那個山洞。走近一看，他就花了眼，果然跟樵夫說的一般無二。這下可真的發達了！他心裡大喜。趕忙拿出自己準備好的口袋，開始往裡面裝。真的多裝金子，少裝銀子，珠寶首飾，能拿就拿。一直折騰了大半天，才算把口袋填滿，又往身上裝了不少，才打算離開。可是由於裝太多，口袋太重，他又捨不得拿出一些來，只好在地上慢慢拖著走。

出了山洞沒走幾步，路邊冒出一個大漢，手提鋼刀，大聲說道：「我說我洞裡的金子怎麼少了，原來是你這小子。一次不夠還來兩次，你找死嗎？」然後不容分說，就給陳二來了一刀。

老子說：「罪莫大於可欲，禍莫大於不知足；咎莫大於欲得。故知足之足，常足。」可見貪慾之念罪過甚大，而知足之樂十分可貴。相對於勤奮不懈的東方人，西方人更強調享受生活，其實也是一種知足常樂的表現。可見，雖然不知足是人類進步的原動力，但如果不懂知足，人們的生活也將變得索然無味，甚至可能災禍迭起。

同樣是十塊錢，有人會很滿足地拿它買水解渴，有人會很不屑地將它扔在一旁。故事中的陳二就是在獲得意外之財時還不知足，想要拿得更多，才賠了小命。其實上天是很公平的，他在賦予你一樣東西時，肯定會拿走你一樣東西，所以我們不需要每天盯著別人的生活兀自哀傷，只需要看到我們自己其實過得很好，就可以了。

想要自己變得知足，首先要學會放低自己的願望、需求，這不是讓人們放棄自己前進的目標，不再努力，而是有些時候，只要制訂一些確實可行的簡單目標，你就會很快樂。其次，控制自己的貪念和攀比之心，當你想要得到某些東西時，先想想你是否能做到，是否要為此付出難以承受的代價，當你看到別人風光的一面時，不妨也留意一下他背後的那一面。時間一長，你就會感覺到，自己的生活，也可以很快樂。

## 心理急診室

你去參加電視臺的智力競賽，比賽規則是答題到不同的階段，會得到不同的獎品，最終大獎是獎金兩萬元，並且可以免費去夏威夷旅遊一次，你現在已經答題到第三階段，可以得到一千元獎金，但是你選擇了繼續挑戰，衝刺大獎，很不幸失敗了，只得到了一枝鋼筆，你會有怎樣的想法？

A、後悔自己選擇繼續回答問題。

B、為自己能夠回答到第四階段而感到高興。

C、很鬱悶，責怪遊戲規則不合理。

D、覺得自己還能發揮的更好，選擇下次再來參加。

## 診斷結果：

**選擇答案A的人**：屬於保守型，很容易滿足於自己之前的成績，當面對失敗時不會考慮如何轉敗為勝，而是自責，面對失敗時態度很消極。

**選擇答案B的人**：這類人的競爭意識不強，屬於知足常樂型，不會盲目的逞強。

**選擇答案C的人**：屬於不服輸型，這類人競爭意識很強，但是缺少自我反省的精神，在競爭中常常以自我為中心，一旦失敗了，總是歸結於客觀原因。

**選擇答案D的人**：屬於實幹型，這類人的競爭意識很強，鬥志也很強，能夠坦然面對失敗，將前一次的失敗看成是對下一次成功的期待，只要是認定的目標就會百折不撓地達到目標。

## 垃圾堆裡的老闆——感恩

有一位老闆到大陸投資開工廠，藉著當地政府對臺商的優惠政策，和廉價的人工成本，效益一直不錯。整個工廠做的紅紅火火，蒸蒸日上。若說還有哪裡不完美，那就是老闆對待員工的態度了。可能覺得自己的財富遠多於他人，自己又是老闆，是他們的衣食父母，所以這位老闆每天在工廠裡都板著臉，沒事就會指責下屬的不是，如果一旦發現哪位員工犯了錯誤，立刻會責以重罰。

可是越是這樣，底下的人越是在工作時提心吊膽，惶惶不可終日，就怕老闆會走到自己身邊。有一回，他去財務部門巡視，一向工作兢兢業業的財務主管緊張之餘，竟然將公司的財務季度報表弄錯了。想要改好，手忙腳亂之下，又犯了更多錯誤。於是，當著整個財務部門的面，這位老闆將財務主管一頓訓斥，又扣了他季度獎金，才氣呼呼離去。留下一個幾十歲的人，黑著臉站在那裡，好半天都沒有緩過來。

這天老闆心情不錯，就推掉了應酬，在家陪著自己的父母和孩子一起吃晚飯。不料飯吃到一半，接到一個下屬打來電話，銷售部門出了點小問題，他一時怒起，又將下屬罵了一頓。掛了電話，剛要繼續吃飯，平日從來不關心他事業的老母親突然開口：「你呀！不要對自己的員工那麼苛責，要學會感恩。沒有他們，你就是一個『垃圾堆裡的老闆』，你知道嗎？」餐桌上本來已經嚴肅的氣氛更加凝重，老闆窘在那裡好半天，又不能發作，最後只得扔下手裡的碗，獨自回到書房。心想：

「我有什麼錯了，他們本來就是拿我薪水，替我做事而已。」久久仍然無法釋懷。

很快，十一長假到了，公司放長假，大部分員工都回老家或者出去旅遊了，整個廠區基本沒什麼人了。老闆也難得清閒一會。不想這天遇到了一些工作上的問題，需要臨時回公司處理一下。當他來到辦公室，坐在辦公桌前，首先就發現這裡的環境與平日那種乾淨整潔的樣子完全無法比，匆匆擦完桌子坐下來，卻發現想看的文件不在手邊，找了半天，也沒個頭緒，還是給在外地旅遊的祕書打了電話，才解決了問題。文件看到一半，習慣喝咖啡的老闆順手拿起桌上的杯子，卻發現裡面除了灰塵什麼都沒有。結果在辦公室轉了半天，他也沒有找到開水。端著手裡的空杯子，老闆耳邊突然想起了一句話：沒有他們，你就是一個「垃圾堆裡的老闆」。原來老母親說的都是真的！老闆想起了自己以往種種，實在有些汗顏……

工廠裡的員工們驚奇地發現，自從長假回來，他們那個以往像閻王一樣的老闆就像變了一個人似的，待誰都客客氣氣，樂樂呵呵，連對工廠看門的孫大爺都不例外。不僅如此，工廠裡員工的福利和待遇都被大幅提高了，大家都誇老闆是個好人，工作起來也都是幹勁十足，效率大增。自此，工廠效益更佳，老闆臉上的笑容，也更燦爛了。

人生道路，曲折漫長，從我們出生、上學、工作、結婚等等一直到老，我們的父母、師長、朋友、同事、情人……無不給予過我們關懷、支持和幫助，這一切，都值得我們用一顆感激的心來答謝他們的恩情。由此推而廣之，即使是一些點滴小事，常懷感恩之心，就會發現自己原來受到如此多的恩惠，世界原來是如此美好。

盧梭說過：「沒有感恩就沒有真正的美德。」可見感恩的心理對人們是多麼的可貴。而它不僅僅是一種心態，更有一種為人處事的深刻哲理在其中。當我們成功時，自然會輕易找到很多感恩的理由和對象，但是當我們失敗時，又有誰還能心懷感激，笑對人生呢？殊不知，這寶貴的教訓是拿多少金銀珠寶都換不來的財富，面對如此大禮，我們又怎能不感謝命運呢？

要學會感恩，至少要先學會尊重，不僅是要尊重我們身邊的每一個人，也要尊重每一件事，尊重每一天的生活，這樣我們才可能去認真面對每個人、每件事，從中發現對我們有幫助的點滴細節，才知道我們應該感恩的對象還有哪些之前還不曾想起的。有了「心」，還要見「行」。感恩並非很難，一句話、一張紙條，甚至是一個微笑，都是我們能力所及的，滴水不必湧泉報，勿以善小而不為。很快你就會發現，感恩的心，其實你一直都有。

## 心理急診室

1、你對國家的忠誠度是多少？

A、50%。

B、90%。

C、100%。

2、你會感謝親人對你的全心付出嗎？

A、基本不會。

B、有時會。

C、經常會。

3、在大街上遇到乞討者，你會怎麼辦？

A、避而遠之。

B、坦然走過。

C、給予幫助。

4、你對你所在的學校持什麼樣的態度？

A、很不滿意。

B、有些不滿。

C、基本滿意。

5、如果在公共汽車上看到行動不方便的老年人，你會怎麼做？

A、無動於衷。

B、不好意思讓座。

C、主動讓座。

6、用餐時，你會對服務員表示感謝嗎？

A、從來不會。

B、看有無必要。

C、經常會。

7、教過你的小學老師的名字你還記得幾位？

A、基本沒印象。

B、一～二位。

C、多數都記得。

8、你如何解釋對報答父母養育之恩？

A、還父母的債。

B、社會輿論。

C、源於血緣的親情。

9、競爭對手在你看來和你是什麼關係？

A、對立關係。

B、相互依存。

C、讓我成長。

10、對於別人善意的勸告，你的態度是？

A、從不接受。

B、看心情。

C、虛心接受。

**診斷結果：**

**選擇A項偏多的人**：你可要注意啦！你是個感恩意識比較缺乏的人，建議你從上面問題中提到的行動開始，漸漸樹立你感恩的意識。

**選擇B項偏多的人**：你是個懂得感恩的人，在你的意識裡已經懂得了感恩的意義，但是你需要將感恩的意識轉化為行動。

**選擇C項偏多的人**：你是個將感恩轉化為奉獻的人，你非常非常懂得感恩，你已經將感恩做為人生中的大智慧。

# 誰救了國王和大臣——平常心

古時候有一位國王，酷愛打獵，在馬上展示自己的嫺熟技藝，是他非常喜歡做的事情。他手下很多王公大臣也就經常和他一起圍獵。其中有一文一武兩位大臣深得國王喜愛，幾乎每一次都帶著他們。

「常在河邊走，哪有不溼鞋。」有一次，國王和大臣們進了深山，為了追一隻獐子，國王縱馬越澗。沒想到在一棵大樹下，被裸露的樹根絆倒，從馬上摔了下來，恰巧撞到一塊凸起的石塊，小指撞斷了。國王疼痛不已，大聲呼救，很快等來了隨從侍衛和眾位大臣。眾人將國王簇擁在中間，驚呼「有罪」。又都問長問短，手忙腳亂為國王包紮、安撫。只有一位大臣在一旁站立良久，除了投來善意安慰的目光，一句話也沒說，他就是國王喜愛的那位文臣。處理妥當後，國王將他叫到身旁，問他為何一言不發，難道另有深意，豈知大臣答道：「大王雖失去一指，又焉知不是福氣呢？」國王頓時大怒：「我都成了殘疾，還是福呢？」於是，就將這位大臣關了起來。

過了一段時間，國王傷勢痊癒，雖有殘疾在身，但不影響日常起居行動。於是這日，他又想起出行打獵之事，也是為了賭一口氣，除了喜愛的那位武將，他誰也沒有帶在身邊，輕裝簡從出了皇城。國王想證明自己，挽回上次受傷在眾人面前受損的形象，於是就和這位將軍鑽深山，進密林，只為能打到猛獸，回去顯示自己的威信。一不注意，進了敵國的邊境，沒過多久就被對方發現，派大軍在山中圍捕他們。知道難逃一死，兩人不免手足無措，情急之下，國王的這位愛將急中生智，將自己身上的衣服和國王的調換了一下，隨身飾物、武器、印信也都換了過來。等被抓到敵營，國王按照將軍說的，裝聾作啞，一言不發。將軍則自稱為國王，大義凜然，毫無懼色。

敵將大喜之餘，仔細審度兩人，深怕自己一時疏忽，放掉了到手的「大魚」。他心中雖有些疑慮，但一時也不確定到底誰才是自己想要的「獵物」。只聽假國王說道：「如果你將我放回去，我願意納降書順表，從此稱臣，如果你非要將我除之而後快，等於是在向我的國家宣戰，請你讓我這個殘疾的隨從將戰書帶回去，否則你一定會面對最兇狠的復仇！」看到對方依舊心存疑慮，眼珠不斷在兩人身上打轉，武將把心一橫，說道：「難道你懷疑我是他的替身？可是哪個國王會是一個六根不全的殘疾人呢？」此話一出，看到真國王手指有恙，敵將再無懷疑，將假國王斬首示眾，並讓他的「隨從」帶回一封戰書。

回到都城，國王痛心疾首，在回想前事、圖謀復仇之際，他想到了被自己關起來的那位大臣。將他召之面前，訴說詳細經歷，不由得感慨萬分，承認自己大難不死還真是多虧少了這一根手指。本以為對方會感激涕零，不料人家卻依舊不為所動，還是一副老面孔。國王不禁又怒又奇，問他為何前者如此，此刻亦如此。大臣不慌不忙，答道：「前者大王斷指，我說未必不是福氣，不僅是對大王而言，亦是對我而言。您只知斷指讓您保命，未曾想如果不是您一怒之下將我關起來，現在站在您面前的，就未必是我了。」

國王頓覺震驚，思索良久，才慢慢點頭。待情緒完全平復，才開始與大臣商議復仇之策。從此勵

精圖治，不再打獵。直到三年之後，敵國放鬆警惕，才帶領大軍，覆滅對手，報了昔日之仇。

「泰山崩於前而面不改色」，這種境界能做到的人並不多，而「麋鹿興於左而目不瞬」，就更是常人所不能及了。偶爾用一種平常心態去面對一件事情，誰都有可能做到，但是當出現重大利害抉擇或者名利誘惑時，心理素質好壞就會徹底暴露出來。

一顆平常心，就是一種為人處事的態度，它能幫助你撥開重重迷霧，看到事物本質，也能幫助你斬斷根根羈絆，找到前行目標。如果沒有這種心態幫助，當你要做出重要判斷、面對人生選擇時，可能會因為一時緊張或衝動而抱憾終生。

自信是讓你保持真我本色的基礎，樂觀是讓你驅除心中雜念的良藥。除了這兩樣，要保持一顆平常心，清心寡慾是最重要的。古人說「無欲則剛」，身為世俗中人，無慾無求當然不可能做到。但如果在平時就注意這種淡泊名利心態的培養，大事臨頭，你就會將勝負得失看淡很多，做出的決定，也就很可能令自己受益更多。

## 心理急診室

1、如果你聽到半夜有人敲門，你會認為是有麻煩要發生嗎？

2、你會隨身攜帶一個別針或一條繩子，以防衣服或者其他東西裂開嗎？

3、你跟別人打過賭嗎？

4、你夢到過自己中了彩券或者繼承一大筆遺產嗎？

5、你會經常帶一把傘在身上嗎？

6、你會用大部分的收入來買保險嗎？

7、你曾經有過沒有預訂旅店就去度假的經歷嗎？

8、你覺得很多人都很誠實嗎？

9、要去度假你將鑰匙託付給朋友或是鄰居保管，你會先將貴重物品鎖起來嗎？

10、你總是很熱衷於新計畫嗎？

11、朋友跟你借錢並表明一定會還，你會借嗎？

12、計畫好要去野餐，但是下雨了，你還會按照原計畫行動嗎？

13、一般情況下你會信任別人嗎？

14、有重要的約會，你會因為怕塞車而提前出門嗎？

15、每天你都會期待美好一天的開始嗎？

16、如果醫生叫你做一次體檢，你會懷疑自己有病嗎？

17、收到意外寄來的包裹你會非常開心嗎？

18、你會出手闊綽的花錢後又發愁沒錢花嗎？

19、你會買旅行保險嗎？

20、你對未來充滿希望嗎？

計分規則：上述問題回答「是」計1分，回答「否」計2分。

## 診斷結果：

0～7分：你是一個悲觀主義者，在你眼裡人生沒有好的一面。所有的事情你都不會往好的方面想，所以你也很少失望。由於你隨時擔心失敗，所以很少嘗試新鮮事物。解決你問題的唯一辦法，就是調整自己的心態，以積極的態度面對所有事情。

8～14分：你對人生的態度比較正常。但是你仍然有可以再進步的潛力，只要你學會用積極的態度面對人生。

15～20分：你是個樂觀主義者，所有的事情到你這裡都是會看到好的一面，這就讓你對困難掉以輕心，有時候會耽誤正事。

## 省裡來的大官——豁達

洪水肆虐，天災降臨，給這個中國南方大省帶來了數十年不遇的災禍，房屋被沖毀，農田被淹沒，幾十萬人無家可歸，情況十分嚴重。在水災初至之時，由於許多當地幹部為了掩飾當初在建設水利工程時犯下的錯誤，瞞報、謊報災情，不但沒有即時有效救助災民，更使得災情加重，致使眾多百姓怨聲載道。

這一日，省委張書記來到受災情況最嚴重的牛家囤考察災情，指導救災工作。可能是來之前就已經聽到了下面的負面聲音，也可能是看到災情嚴重，深受觸動，總之，自從來到這個已經被洪水沖得面目全非的小村莊，張書記的臉就沒有舒展過。看到書記一臉嚴肅，底下的人們更是不敢怠慢，生怕出了什麼問題，惹得大老爺不高興，那可就麻煩大了。然而「意外」還是出現了：一個七、八歲的小孩跑出來，指著書記一行人大哭大鬧，非說大家都不是好人，害死了自己的爸爸媽媽。到最後更是不顧一切發洩心中的悲憤，將一眾幹部全罵了一遍，當然了，帶頭的張書記更是被「重點關照」了。

由於是個孩子，大家一開始都有些錯愕，也不知該把他怎麼辦，到後來發現事情不對，才反應過來，旁邊就跑過來兩個人將他架走了。看著書記那緊皺的眉頭，大家心中不免都開始打鼓了，當眾罵書記，這還得了，看來今天有不少人要倒楣了。回到縣城，張書記點名要工作人員把那個小孩一

家人找來。旁邊的公安局長自作聰明，趕忙搶上前道：「書記，一個無知的鄉下孩子，您別和他一般見識，回頭我會多『關照關照』他們的。」「啪！」一隻大手拍在了桌子上，那氣勢讓在場所有人不禁一顫。「你們就是這麼做公僕的嗎？」盛怒之下，書記再也沒有往日的沉穩，指著公安局長的鼻子訓道：「信不信我明天就讓你去堵堤壩！」

小男孩被找來了，和他一起來的還有一位年邁的老奶奶。張書記的臉龐終於舒展了，不但對之前的事情隻字不提，更沒有昔日執掌一方時的威嚴，此刻的他，就像一位慈祥的老人，聆聽著小男孩對他們這些「壞人」的「控訴」。儘管小孩說起來斷斷續續，但他慢慢還是聽出了端倪，一起來的老人是小男孩的奶奶，他的父母在剛剛過去的一次洪災中，為了保護村頭的大壩，雙雙被洪水沖走，生死未卜。這已經是他們做出的第八次努力了。而小男孩則是在父母和奶奶之前的交談中，聽到修壩的錢都被「官老爺」自己拿去了，所以他才會在找不到爸爸媽媽之後，將心中的悲痛一股腦兒向張書記他們發洩出來。聽著小男孩童言無忌，旁邊的祕書卻是臉色大變，他知道，這次對話的後果是比上一次意外嚴重的多了。

很快，省委派來督查小組，對當地幹部在水利工程修建中徇私舞弊和抗洪救災中不作為的問題，徹底進行調查，一系列問題被揪了出來，若干幹部落馬，其中一些人更是鋃鐺入獄。在督查組的監督指導下，剩下的村民們終於安然度過洪災，家鄉的重建工作也在有序進行中。而那對祖孫已經不在村子裡了，在張書記的關照下，小男孩的父母被追授「烈士」稱號，他和奶奶也被安排進了省城，開始了新的生活。

人生常有不如意之事，尤其是面對無限的自然，人的內心總會產生種種難以滿足的慾望。如果不懂取捨，不能釋懷，難免作繭自縛，終受其苦。而豁達的心態，就是幫助你走出歧途的最佳選擇。

「竹密豈防流水過，山高怎阻野雲飛。」想要走向成功，豁達的心態是必不可少的。豁達是一種寬容、灑脫的態度，豁達是一種博大、樂觀的胸懷，豁達是一種高尚的品德，一種超脫的境界。積極向上，不拘小節，進退有度，寵辱不驚，是為豁達。

想成為一個豁達的人，胸懷廣闊是必不可少的，也就是說要有一顆包容的心，要能容忍，能原諒，能坦然面對一切，這一點對一般人來說，是很難做到的。不怕吃虧，不斤斤計較，慢慢的，你會發現自己的心態超然物外。其次是要學會感恩，記人一是，忘人百非，不僅如此，還要能接納其他人的不同意見，取其精華，借為己用。若能做到這些，則離成功不遠矣。

## 心理急診室

1、你總是因為某些人或事心情不悅？
2、你是否會耿耿於懷所受的委屈？
3、你是否對像是有人在捷運上盯著你或是袖子上沾上了湯汁之類的小事感到懊惱？
4、你是否經常不太願意跟人說話？
5、當你在做很重要的工作時，旁人的談話或噪音是否會讓你分心？

6、你是否會用很長時間來分析自己的心理感受和行為？

7、你做決定的時候是否會受到當時情緒的影響？

8、你夜晚是否會被蚊子等小蟲子折騰得心煩意亂？

9、你是否存在自卑心理？

10、你是否時常會感覺情緒低落？

11、在與人爭論時，你會無法控制自己的嗓門而聲音太高或太低嗎？

12、你是否容易喝酒發怒？

13、當你情緒低落時，可口的食物或是喜劇片能夠讓你好起來嗎？

14、當你與別人談話時，對方怎麼都不明白你的意思，你會發火嗎？

說明：

回答「是」，計0分。

回答「不知道或都有可能」，計1分。

回答「不是」，計2分。

## 診斷結果：

23～28分：你的心態相當穩定，你是個心胸開闊的人，在生活中能夠駕馭各種狀況。在別人眼裡，你獨立、堅強，有時候還有點「厚臉皮」，但這不影響大家都很羨慕你。

17～22分：你容易發火，心胸不夠開闊。總是對讓你受委屈的人說一些過分的話，這會導致你在公司或是家庭中產生衝突，但通常事後你又會後悔。你需要學會控制自己的情緒，在做事之前考慮周全，然後再回擊讓你受委屈的人。

0～16分：你多疑、斤斤計較、有仇必報，你是典型的心胸狹窄的人。如此嚴重的缺點對你的生活很不利，所以你需要盡快進行調整，進行自我教育。

# 祝枝山巧戲財主——幽默

祝枝山，本名祝允明，字希哲，因他左手天生長有六指，故自號枝山，世人稱「祝枝山」。他與唐寅唐伯虎、文徵明、徐禎卿一起號稱「江南四大才子」。是明朝有名的書法家。他從小便多才多藝，詩、文、書、畫樣樣精通，作品在後世廣為流傳。其性格也是瀟灑開朗，放蕩不羈。

有一回新年將至，祝枝山正在家裡會友，下人遞來書信，說是當地一家大財主請他上門一敘。祝枝山眉頭一皺，頓時心下雪亮。他與這位財主平日並無交情，這個當口突然請他過府，想必是年關將至，要寫對聯，衝著自己的字來的。要是換了旁人，祝枝山可能會欣然應允，但對於這位財主，他是有耳聞的，仗勢欺人，為富不仁，鄉里百姓都在背後罵他，自己還真不願給這種人捧場。可是人家勢大，不去又不行，怎麼辦呢？品著桌上的茶，忽然有了想法。

告別朋友，祝枝山慨然赴約。到了對方家中，果然數進大院，雕樑畫棟，很是氣派，財主本人殷勤款待，十分客氣。祝枝山心裡明白，就也不再敷衍，問對方是不是求字來的。財主一愣，隨即笑顏逐開，點頭稱是，希望祝枝山能寫一副好對聯，並許諾百兩紋銀的潤筆費。祝枝山揮揮手：「銀子就不必了，拿筆墨來吧！」文房四寶準備好，祝枝山大筆一揮，一氣呵成。這位財主也不懂，但想來人家大才子寫的一定是好的，就急忙吩咐管家掛出去。

財主在一邊想，這回我們家算是沾了書香氣了，看以後誰還敢瞧不起我，說我沒學問。越想越樂，他就迫不及待換了衣服，帶了管家，從角門出去，想看看老百姓對這副對聯的反應。看到有不少人圍在自家門前，指指說說，他就瞧瞧擠了進來。正好旁邊有人在大聲唸對聯：「明日逢春，好不晦氣；來年倒運，少有餘財。」唸罷，所有人哈哈大笑，都說這位財主不知道找誰寫了一副這麼倒楣的對聯，估計這一年都要不好過了。

財主聽罷大怒，撤下對聯，拉著祝枝山就去找縣太爺評理。一路上出言不遜，不依不饒，說一定要讓縣太爺治他的罪。祝枝山胸有成竹，也不說話，樂呵呵就跟他來到了衙門。縣太爺在後堂見了他們，祝枝山明明知道此人與財主平日就狼狽為奸，沆瀣一氣，還偷瞄到財主趁人不注意往對方手裡塞銀子，也不生氣，就等著大人問話。聽了財主的「控訴」，知縣將目光轉向祝枝山，臉上帶著幾分假笑：「祝大才子，人家好意向你求字，不但熱情款待，還以重金相許，你怎們能這樣呢？這不是丟我們讀書人的臉嗎？」祝枝山從財主手中拿過對聯，鋪在桌上，說道：「大人請看，我的對聯是『明日逢春好，不晦氣；來年倒運少，有餘財。』是他誤信讒言，怎麼能怪我呢？」兩手一攤，做無辜狀。大人老臉一紅，原來他也沒有看出來。於是他將怒氣出在了財主身上，將他轟出了縣衙。而祝枝山則在衙門外圍觀的老百姓的簇擁中，樂呵呵回家了。

幽默一詞雖來自於英文單字「humor」，但並非只限於外國人才有。不分國界，每個人身上都會有一些幽默的天賦，只是表現多少不同而已。它不同於低級的滑稽搞笑，也不是深刻的諷刺挖苦，它是智慧和情感的表現，是靈感迸發的產物，既能帶給人歡樂，也能發人深思，使人笑過之餘回味無窮。

幽默給人力量。可能平日緊張的生活已經壓抑得我們忘了幽默，殊不知如果你還記得它，很可能會給你不少幫助。幽默可以讓你擺脫困境，也能化解令你頭痛的矛盾與衝突，是不少名人最喜歡使用的利器。列寧曾說過：「幽默是一種優美的、健康的素質。」馬克吐溫以幽默著稱於世，而將幽默一詞推廣流傳的林語堂先生也常常有幽默之語。

有意地多瞭解一些幽默的言語，並在與人交往中鍛鍊嘗試，培養自己的幽默感，慢慢的，你會發現，與人相處，並沒有想像的那麼難。

## 心理急診室

他（她）用什麼樣的方式去表達他（她）的幽默感呢？

A、自嘲的方式。

B、諷刺嘲笑別人的方式。

C、挖苦別人的方式。

D、惡作劇式的幽默。

**診斷結果：**

**答案A：**這類人的心胸比較寬闊，能夠接受別人提出的意見和建議，經常自我反省和自我批評，也會尋找自己身上的缺點進行改正。大家對這類人很容易產生敬佩之情，而且這類人的人際關係也非常好。

**答案B：**這類人是相當自私的人，雖然在外人眼裡他們相當風趣和機智，但是當他人取得一點成績時，就會遭到這類人的貶低。而且這類人報復心理特別強，只要誰招惹了他們，那麼對方就完蛋了，他們一定會想辦法讓對方付出代價的。

**答案C：**這類人的心胸大多都比較狹窄，嫉妒心很強，常常做一些落井下石的事情。他們的自卑心理很強烈，對待生活的態度也很消極，因此常常自我否定，整天盤算著諷刺挖苦別人。

**答案D：**這類人是快樂天使，他們生性活潑開朗，熱情大方，對待他人也很隨和。所以這類人即使面對壓力也會想辦法緩解。

# 主管是怎麼練成的——自制力

偉明來公司兩年了，勤奮好學，積極肯幹，很受主管賞識。聽說最近公司會做調整，自己有可能迎來升職的機會，他就開始留意了。只是偉明為人低調，懂得自制，因此越到這種重要時刻，他越是沉穩。每日更加拼命工作，但對於人事調整的事卻是不聞不問，好像完全不知道這麼回事一樣。

同事們倒是都很看好偉明，除了一個人，志鵬。志鵬在部門裡歲數最大，是公司的老員工了，能力也有一些，可是這麼多年始終沒有什麼進展。偉明剛來的時候，他其實也很喜歡這個孩子，但是最近，聽說他們之中可能會有人被提拔為主管，志鵬的心裡，就開始活動起來。他心想，論資歷自己最老，論能力自己也不比別人差，這回怎麼說也該輪到自己出頭了。於是，他就特別關心起這件事來。自己思前想後，想想也只有偉明有可能威脅到自己，而且好像上司一直也挺喜歡他的，志鵬心裡就有些不舒服，盤算著怎麼把這次機會搶到手。

剛開始，他只是偶爾給偉明找點吃力不討好的工作做，偶爾還以老前輩的身分批評偉明兩句，但都無傷大雅。偉明呢？看起來就像塊木頭疙瘩，只知道工作，說他也不反駁還總是點頭稱是。時間久了，志鵬覺得自己算是看明白了，偉明到底還是年輕，於是就漸漸瞧不起他，說話、做事也就越來越過分了。他常常當著部門同事的面訓斥偉明，擺資歷，講輩分，其他同事有時看不過去，也幫忙勸解兩句，但看到偉明只是低頭做事，挨罵了也不據理力爭，也就不好多說什麼。志鵬不禁自得：這個小毛頭終究不是自己對手！殊不知，背後正有一雙眼睛觀在察這一切。

有一次，志鵬因為一時疏忽，交代給偉明的工作有問題，導致部門整個跟著返工。大家明明知道責任在志鵬身上，但是眼睜睜看著偉明默默挨罵也不反駁，就只能各顧各忙手頭的工作，爭取在老闆開口之前挽回損失。誰知志鵬不知為何，發起火來卻是沒完沒了：「你知道你這樣嚴重的失誤會給公司帶來多麼嚴重的損失嗎？還要大家都陪你受過。」似乎還沒有過癮，他又指著偉明補了一句：「這麼下去，我看你也別在這做了，早點走人吧！」由於都是同事關係，這句話不僅讓辦公室裡其他人皺起了眉頭。看著偉明的淚水在眼眶裡打轉卻一聲不吭，志鵬心裡別提多舒服了。

「你當時為什麼不說話？」在經理室裡，郭經理不解道，若不是碰巧路過看到那一幕，他是不會注意到公司裡這個普通的年輕人的。「經理，不管怎麼說，錯誤都出在我們部門，現在最重要的是補救失誤。我要是辯解，兩個人發生爭執，即使弄清真相也於事無補，而且還會影響到周圍同事的工作進度，也影響了我們部門的形象。我不想因為自己再給大家帶來新的麻煩！」看著偉明拉上辦公室的門，郭經理輕輕點了點頭。半個月後，公司人事調整通知發到部門，偉明如願坐上了部門主管的位子，志鵬這時候才如夢方醒。很快，他就找了個理由，向偉明遞交了辭呈。

人與動物最大的區別，就是人類擁有自己的思維。人們可以根據自己的意識判斷，控制自己的行為思想，簡單說就是人有主動的自我控制能力。這種控制能力並非天生就有的，而是根據後天環境和際遇，在人身上一點一點累積出來的。

一般來說，自制力表現在兩方面，一方面是在日常生活中或者遇到逆境時，對於自己心中的消極

心態，如畏懼、懶惰、冷漠等等主動克服；另一方面就是當遇到突發性事件或者重大事件時，對於自己緊張、衝動等短時間內產生的心理反應如何調節，以避免這種時刻被「另一個我」左右。

要培養自己的自制力，首先要從增長知識、開闊視野入手，見多識廣，方可遇事不亂，不會失去對事物本身的掌握或判斷。其次，要提高自己的道德修養和意志素質，這些主觀的東西，需要自己平時有意培養鍛鍊，慢慢提高，也不要強求一下就能脫胎換骨。具體實踐中，「磨練法則」是鍛鍊自制力十分有效的一種方法。

## 心理急診室

1、你剛要去上班，一個好朋友打來電話，跟你傾訴心中的苦悶，你會怎麼辦？

A、寧可遲到，也會耐心聽朋友的訴說。

B、不斷地跟朋友說：「我快遲到了。」

C、跟他（她）表明你很願意聽他（她）訴說，但是遲到是會被經理罵並且扣錢的。

D、跟他（她）說自己要上班並且快遲到了，先掛掉電話，承諾中午休息的時候打給他（她）。

2、星期天，你辛辛苦苦收拾了一天屋子，但是你的另一半一回來就問晚飯做好了嗎，你會怎樣？

A、雖然你覺得很累想出去吃飯，但是還是做了晚飯，並在吃飯的時候責備他（她）不體貼人。

Ｂ、立刻大發雷霆，讓他（她）自己去做飯。

Ｃ、非常生氣，選擇不吃晚飯。

Ｄ、表明自己已經很累了，想到外面吃飯。

３、你買了新的錄音機，自己還沒有好好用過，朋友想向你借，你會怎麼樣？

Ａ、借給朋友，但是心裡不願意滿腹牢騷。

Ｂ、跟他（她）說以前你曾經向他借過一次東西，他沒有同意，你當時的心情如何。

Ｃ、撒謊稱已經將錄音機借給別人。

Ｄ、表明自己想先用一段時間的想法，然後再借給他。

４、你去餐廳買了一個便當，但是你發現飯菜不合你的胃口，你會怎麼辦？

Ａ、跟同一個桌子吃飯的人發牢騷。

Ｂ、責備廚師做的不好，並且破口大罵。

Ｃ、還是選擇將飯菜吃了，然後將飯盒和筷子隨手扔掉。

Ｄ、好脾氣的將自己的意見告訴服務員，然後吃掉飯菜。

５、你的另一半說你最近胖了不少，你會怎麼辦？

A、故意比原來吃得更多。

B、叫他（她）不要多管閒事。

C、跟他（她）說是因為他買的肉和蛋太多了，以後少買點，自己少吃些就不會胖了。

D、表示有同感，並且請求幫你減肥。

## 診斷結果：

**選擇A居多的人：**你屬於消極被動型，你對任何有爭議的事情都不會發表任何意見，總是讓其他人做決定並承擔責任。

**選擇B居多的人：**你屬於「驍勇善戰」型，你總是動不動就暴跳如雷甚至破口大罵，從表面上看你挺有威嚴的，但是得不到別人的尊重，人們甚至會憎恨你。

**選擇C居多的人：**你雖然屬於「驍勇善戰」型，但是比起前面兩類人，你更善於處理人際關係，但有時做事不夠坦率，所以得不到別人完全的信任。

**選擇D居多的人：**你是個能夠理性克制自己的人，坦誠、尊重他人，人們都喜歡你、尊重你，願意和你交朋友。

# 小富蘭克林的成長——謙虛

從小到大，無論是老師還是長輩，都告訴我們「虛心使人進步，驕傲使人落後」，看似簡單的道理，但是在實際生活中做起來，卻不是那麼容易的。驕傲是人類最難改掉的壞習慣之一，不管是平民百姓還是偉大的領袖，都有可能驕傲。

美國曾經的偉大領袖富蘭克林，在小時候就是一個不懂得謙虛的人，這險些讓他喪失了成為領袖的機會。

富蘭克林的爸爸從小對他就寵愛有加，從來不嚴厲管教自己的兒子，任其發展，小富蘭克林有了爸爸的庇護，當然是像有了強大的靠山一樣為所欲為，不會懼怕任何人，更是變得不可一世，咄咄逼人。

有一次，富蘭克林的爸爸帶著他去一位摯友家做客，到了摯友家裡，爸爸就讓富蘭克林與摯友的小兒子出去玩了，自己和摯友在屋裡閒談。生性不懂得謙讓的富蘭克林，在玩耍的過程中，總是什麼好玩的玩具都要自己先玩，而爸爸摯友的小兒子從小受到了父親的教導，要懂得謙讓，所以處處讓著富蘭克林。這一切被富蘭克林爸爸的摯友看在眼裡，心想既然和他爸爸關係這麼好，自己教育兩句富蘭克林也沒什麼關係，於是就走過來蹲下來跟富蘭克林說：「孩子，為什麼所有好玩的玩具都要讓你玩呢？你是客人，在別人家應該有禮貌呀！」小小的富蘭克林從來沒有被人這樣的教訓，

他看了看父親，父親沒有要幫助他的意思，這讓他更生氣，於是將手上的一個飛機模型狠狠地摔在了地上，飛機模型頓時粉身碎骨，旁邊摯友的小兒子看了非常心疼，這是爸爸給自己新買的飛機，就這麼報廢了。

富蘭克林氣呼呼的坐到了旁邊的沙發上，不再理睬任何人，摯友看到富蘭克林小小年紀就這麼不謙讓，聽不進去別人的一點意見和建議，這要是長大了怎麼可能成就大事業呢！

於是，跟著富蘭克林坐到了沙發上，口氣比剛才放緩和了許多：「富蘭克林，你看你，別人跟你說的任何意見你都聽不進去，你現在還小，不會與許多人接觸，但是等你長大之後，走向社會，如果還是這麼不謙虛，不虛心接受別人提出的意見和建議，那麼誰還會和你做朋友呢？一、兩次之後，大家就都會覺得你不可一世，都會遠離你的。你想想看是不是這個道理？」小小的富蘭克林低著頭不說一句話，但是卻在一遍一遍地反覆思考著剛剛聽到的話。見富蘭克林不出聲，摯友又說道：「孩子，假如你以後是一個公司的老闆或是一個國家的領導人，以你這樣的態度，那麼你手下的那些員工或是官員還能夠給你提供好的意見和建議嗎？這樣下去無論是一個企業還是一個國家，都沒有辦法長久的發展下去。」

小富蘭克林雖然現在還不懂政治也不懂企業管理，但是他打從心裡覺得叔叔說的話是對的，自己也確實欠謙虛，所以他緩緩地抬起頭，用很誠懇的語氣向叔叔表示了感謝。

從此富蘭克林痛改前非，再也不驕傲、不專橫，對待任何人都會很謙虛和婉，很懂得尊重別人，也很懂得接受別人向他回饋的意見和建議，漸漸的富蘭克林再也不是大家眼中的自負者，而是變成受人愛戴和敬仰的交際高手。

謙虛是一個人成功的前提，不管你做什麼事，從事什麼行業，只有保持謙虛，看到自己的不足，你才能持續前進的腳步，在你追求的方向不斷取得成就。而當你真的在某些領域達到一定境界後，就更加會發現，原來自己的所知所能還有很多不足，還需要更努力的學習和工作，這樣形成一個良性循環，促使自己不斷前行，取得更大成就。

「滿招損，謙受益。」小到做人做事，大到為君治國，莫不是這個道理。不要說每個人都會有自己的短處，即使在你自認擅長的領域，也很可能因為你忘記了謙虛的作用而受到懲罰。而劉邦和楚霸王項羽的戰鬥經歷，恰恰是這句話的最佳詮釋。現代社會中，人們總是淺嚐輒止、急功近利，浮躁的心態之下，往往會導致我們為人處事上忘記謙虛之道，進而招來無妄之災。

如何才能讓自己保持一種謙虛的心態呢？首先要學會虛心向人請教。「三人行，必有我師」，當你耐下性子向身邊的人請教某些問題時，你就邁出了良好的一步。即使他們有時候會顯得不屑，有時候會答非所問，但時間久了，你一定會受益匪淺。其次是要時刻提醒自己，「人外有人、天外有天」，你永遠都不是最好的！讓自己變得理智的同時，也對人生的目標充滿渴望。

## 心理急診室

1、只要是你下定決心，即使得不到別人的贊同，你也會堅持到底嗎？
2、你去參加晚宴，其間很想上洗手間，但是你也會忍到宴會結束後嗎？
3、買性感內衣你選擇郵購而不是親自去店裡買？
4、你覺得自己是個比較完美的人嗎？
5、如果店員的態度不好，你選擇告訴他的經理嗎？
6、你不是經常欣賞自己的照片？
7、你被別人批評了，會感到難過嗎？
8、你很少表達自己的真正意見嗎？
9、別人讚美你時，你會有懷疑的態度嗎？
10、你打從心裡覺得比別人差嗎？
11、你滿意自己的外表嗎？
12、你覺得自己的能力比別人差嗎？
13、在聚會上，你發現只有你一個人穿著正式服裝，你會覺得不自在嗎？
14、你是個受別人歡迎的人嗎？
15、你覺得自己很有魅力嗎？
16、你覺得自己有幽默感嗎？

17、你現在從事的職業是你的專長嗎？

18、你很懂得怎麼搭配衣服嗎？

19、遇到危機時，你很冷靜嗎？

20、你與別人總是合作的很有默契嗎？

## 評分說明：

第1、4、5、11、12、14、15、16、17、18、19、20題回答「是」計1分，回答「否」計0分。其他題目回答「是」計0分，回答「否」計1分。

## 診斷結果：

0～6分以下：你是個不太自信的人，你過於自我壓抑和謙虛，經常被別人指使。要改變現在處境，你首先要不去想自己的弱點，凡事要多往好的方面想，學會看重自己，這樣別人才能看重你。

7～13分：你是個頗有自信的人，不太懂得謙虛，但是你也會對自己產生懷疑，多多少少會有一些缺乏安全感。想要讓自己變得更優秀，那麼你就要時時刻刻提醒自己，不要總是看到自己的優點。

14～20分：你是個對自己相當有信心的人，你明白自己的優、缺點，但是請注意，如果你的分數接近二十分，那麼你就是不夠謙虛的人，別人會認為你是傲慢、狂妄自大的人。

## 創造百萬年薪的最夯面試題

張岱之◎著

全球500大企業面試題精華
解析各行業不同的面試技巧
求職如打仗，請準備好武器再上場才不會陣亡。
看完這本書，出奇制勝，成功達陣！
讓你比其他人多增加55%的成功機會。
特別收錄：微軟的刁鑽題目＆Google的整蠱題

## 動物經濟學
### 嚴冬下企業生存的53個法則

王汝中◎著

向動物學習，練就一身過冬的本領
經濟嚴冬下的企業完全可以學習動物，
發揮自己的優勢和特長，找到適合自己
的越冬方式。

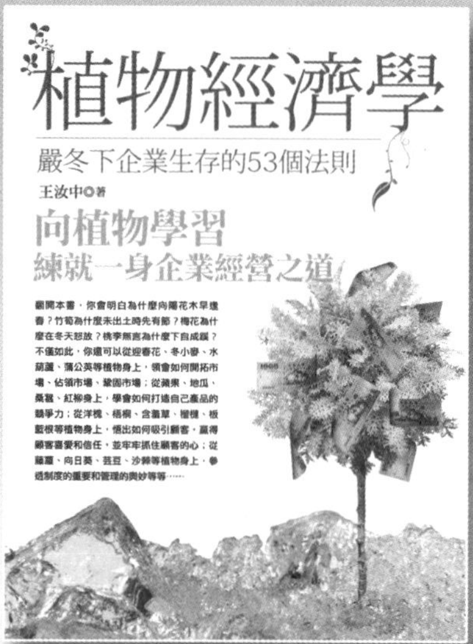


## 動物經濟學
### 嚴冬下企業生存的53個法則

王汝中◎著

向植物學習，練就一身企業經營之道
翻開本書，你會明白為什麼向陽花木早
逢春？領會如何開拓市場、佔領市場、
鞏固市場……

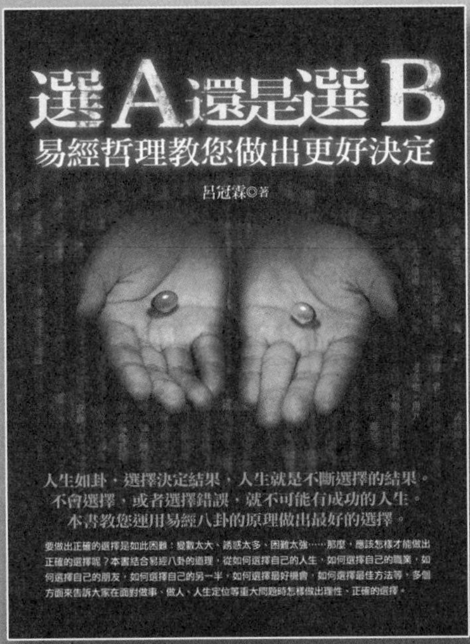

# 選A還是選B
## 易經哲理教您做出更好決定
## 呂冠霖◎著

人生如卦，選擇決定結果。
人生就是不斷選擇的結果。
不會選擇，或者選擇錯誤，就不可能有成功的人生。
本書教您運用易經八卦的原理做出最好的選擇。

要做出正確的選擇是如此困難：變數太大、誘惑太多、困難太強……那麼，應該怎樣才能做出正確的選擇呢？本書結合易經八卦的道理，從如何選擇自己的人生，如何選擇自己的職業，如何選擇自己的朋友，如何選擇自己的另一半，如何選擇最好機會，如何選擇最佳方法等，多個方面來告訴大家在面對做事、做人、人生定位等重大問題時怎樣做出理性、正確的選擇。

# 心理副作用
## 你不可不看的心理調節書
## 汪向東◎著

人控制世界，而心靈則控制人。
全世界有80%的人曾經或者正為心理疾病所困擾。
全球心理學家研究精華．現代人排除心理困擾的良藥

心理治療其實並不神祕，簡單的心理調節也並不複雜。從自我認知開始，到對各種正面負面心理的認識，再到掌握一些積極的心理治療辦法。透過本書，您可以擺脫各種心理副作用的消極影響，對世界和自我的認識也會變得與以往不同。在這個充滿競爭與誘惑的世界中，保持一個良好的心態，進而努力去爭取一片屬於自己的成功天地！

國家圖書館出版品預行編目資料

心理副作用——你不可不看的心理調節書／汪向東編著.
——第一版——臺北市：宇河文化出版；
紅螞蟻圖書發行，2010.12
面　　公分——(Winner；5)
ISBN 978-957-659-818-0 (平裝)

1.心理治療 2.心理諮商

178.8　　　　99023101

Winner 05

心理副作用——你不可不看的心理調節書

編　　著／汪向東
美術構成／Chris' office
校　　對／鍾佳穎、楊安妮、周英嬌
發 行 人／賴秀珍
榮譽總監／張錦基
總 編 輯／何南輝
出　　版／宇河文化出版有限公司
發　　行／紅螞蟻圖書有限公司
地　　址／台北市內湖區舊宗路二段121巷28號4F
網　　站／www.e-redant.com
郵撥帳號／1604621-1　紅螞蟻圖書有限公司
電　　話／(02)2795-3656（代表號）
傳　　真／(02)2795-4100
登 記 證／局版北市業字第1446號
港澳總經銷／和平圖書有限公司
地　　址／香港柴灣嘉業街12號百樂門大廈17F
電　　話／(852)2804-6687
法律顧問／許晏賓律師
印 刷 廠／鴻運彩色印刷有限公司
出版日期／2010年 12 月　第一版第一刷

**定價 250 元　港幣 83 元**



**ISBN 978-957-659-818-0　　Printed in Taiwan**